ゴロで一気に覚える

超高速英単語
センター
1800

The National Center Test

大山 昌宏
Masahiro Oyama

1	0001-0300
2	0301-0600
3	0601-0900
4	0901-1200
5	1201-1500
6	1501-1800

東進ブックス

はじめに
Preface

　この本を手に取っていただきありがとうございます。早速ですが、まずはこの本を数ページめくってみてください。いわゆる一般的な大学受験用の英単語集を探していた皆さんは、ちょっとびっくりされたかもしれません。でも、本当に驚くのはこれからです。

　この本の最大の特長は、非常に短期間で大学受験に必要な1800の英単語を覚えるための工夫がされている点です。

　この本に収められた1800の単語のうち、最初の1200語は1か月で覚えられると思います。その段階で、学校の教科書を読んでみてください。驚くほど知らない単語が減っているに違いありません。

　もう1か月もあれば、残りの600語も覚えられると思います。そうしたら、今度はセンター試験の問題を見てください。ほとんど知っている単語ばかりになっているはずです！

　これまでにも数多くの先生方が、英単語を楽しく効率的に覚えるためのさまざまな工夫をこらしてきました。中でもゴロ合わせによる暗記法は、時代を経て実に多くの人によって試みられ出版されてきました。そんな中で、この本には類書にはない画期的な点が3つあります。

　1つ目は、センター英単語を99.5％カバーしている点です。2つ目は、見出し語のほとんどがゴロの先頭に来ている点です。そして3つ目は、**すでに多くの受験生によって実効性が証明済みである点**です。論より証拠、右のページで実際にこの単語集を使って勉強した受験生の体験談を読んでみてください。

　最初のうちは調子よく学習が進むかもしれませんが、時につまずくこともあるかもしれません。そんな時には先輩たちのメッセージを読み返し、初心を思い出して頑張ってください。たった1冊の単語集ですが、最後までやり抜くことであなたの将来が大きく変わるかもしれないのですから…。

大山昌宏

岡本 彩さん

藤田保健衛生大学医学部医学科

高校入学後、英単語をしっかり覚えてこなかったので、長文読解に苦手意識を持っていました。単語の意味調べは大切だとわかっていても、辞書を引くのは面倒だし、時間がもったいないと感じていました。

そんな高校2年の夏、プリントされた1800のゴロ単に出会い、その面白さに魅了され一気に覚えてしまいました。すると、長文がどんどん読めるようになり、単語の意味調べからも解放され、テストも時間内で終えられるようになりました。英語が得意になるには、第一には単語力だと実感しました。

相澤 将吾さん

京都大学工学部情報学科

自分は「覚える」という作業が苦手で、高校2年になった頃でもほとんど英単語を覚えていませんでした。しかし、この単語集はゴロのおかげでとても覚えやすく、しかも受験に必要な単語が絶妙に選ばれていました。

力がついたことを実感したのは、長文読解で難解な単語が出てきても、文脈からその意味を推測し、文章の筋を見失わないように読み進めることができるようになった時です。単語の勉強時間が短縮できたことで、他の教科に時間を回すことができ、受験科目全体(の得点)がアップしました。

田島 慎治さん

慶應義塾大学商学部商学科

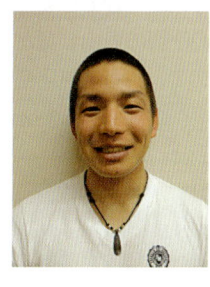

甲子園を目指し野球漬けの毎日で、勉強は部活が終わった高校3年の夏から始めました。通学の電車の中で毎日40分、楽しく集中して暗記を続け、たった3か月で、1800語もの単語を完璧に覚えることができました。

また、この単語集で根幹となる意味を覚えていたので、多義語の意味もどんどん頭に入っていきました。ゴロで覚えるメリットは、イメージで覚えているために忘れにくく、2年以上経った今でも英単語を見ると意味より先にゴロが出てくるほどです。

本書のレベル
Word level

　本書を利用すべきかどうか迷ったら、次の英文を見てください。色のついた単語が54語あります。そのうち、意味を言えないものが3語以上あったら要注意です。実はこの文章は、2011年度のセンター試験の第4問の問題文です。

When people communicate, they usually assume shared values. But in fact, there are often notable differences in the values recognized by particular groups of people. For example, while many people within the European Union (EU) agree on several common values, there are differences among their countries.

A 2007 European Commission report identified clear example of these similarities and differences. People from various countries were asked to choose which values they consider important in their society. As shown in the graph, a majority of the respondents in the EU considered peace important for them (61%). This was followed by respect for the environment, which was selected by exactly half of the respondents.

However, when the results were compared by country, a different picture emerged. Although overall, social equality, freedom of opinion, and (以下略)

　本書では、上記の色のついている単語はすべて学ぶことができる仕掛けになっています。ただし、青色の単語は1800語の見出し語としてではなく、その派生語として掲載していますので、併せて覚えていくことになります。

No.0318	usual　いつもの	→	usually　ふつうは
No.0190	notice　知らせ, 気づく	→	notable　注目すべき
No.0008	different　違う	→	difference　違い

語尾の形が変わることによって、品詞や意味がどのように変化するかについては、すでにご存じの場合も多いと思いますが、6つに分けた ROUND の最後のコラムでも紹介していますので、しっかりマスターしてください。これだけでマスターした単語の数が何倍にもなるのですから。

　逆に、色のついていない単語は、本書では扱っていませんので、もし色のついていない単語の中に知らないものがある場合は、中学生用の英単語集で補ってください。また、カタカナ語については巻末の一覧で、発音やアクセントに注意して学習してください。

　本書は受験に必須の単語をよく出る順に掲載しているので、前から順に学習していけば問題ありません。カタカナ語と中学単語をプラスして、この単語集をマスターすると 3249 語になり、センター対策は完璧、2次・私大の入試でも十分に対応できる単語数に達します。

派生語：356 語
見出し語：1800 語
カタカナ語：483 語
中学単語：610 語

合計 3249 語

本書の使用例
How to use

1 ▶まず、発音とアクセントを意識しながら見出し語の英単語を5回〜10回読み、ゴロを覚えるまで何度も読み書きする。

| 0343 | **aware** /əwéər/ | ❶ 気づいて |

▶「あ、う、え」、ア行(ギョウ)だと気づいている。

2 ▶ゴロを覚えたかをチェックする時には、チェック用シート(以下シート)を、見出し語とゴロの下線部分だけを見えるようにして置き、ゴロ全体が言えるかを確認します。

3 ▶次に、見出し語だけが見えるようにシートを合わせて、ゴロと訳語がスラスラ言えるかを確認します。スラスラ言えない時は、見出し語を見ただけでゴロも訳語も完璧に言えるようになるまで記憶し直します。

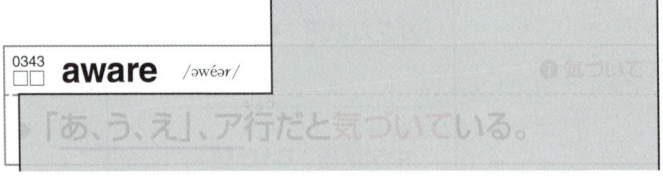

4 ▶完全に記憶したと自分が納得した時点で、見開き2ページ単位の10語を上から下まで一気にチェックしていきます。この時点で詰まることなくスラスラとゴロと訳語が暗唱できていれば、そのページの単語の暗記は完了です。

5 ▶訳語をマスターしたら、逆に訳語から見出し語の英単語が言えるようにします。そのために、今度はシートの向きを変えて右上が空いている状態で使用します。訳語だけを見て、英単語を言った後でシートを下にずらし、左上の見出し語で正解かどうか確認します。単語から意味を言えるようにする時と同じで、2ページ単位で訳語から単語を**スラスラと言えるようになるまで**しっかりと学習します。

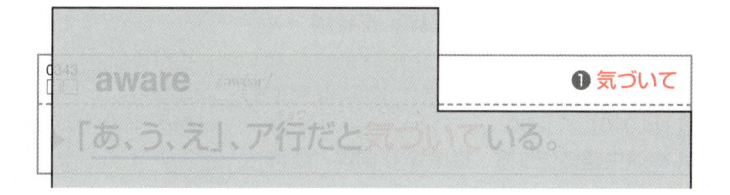

```
0343  aware  /əwέər/                           ❶ 気づいて
「あ、う、え」、ア行だと気づいている。
```

6 ▶1日に何語ずつ覚えていくか計画を立ててから始めます。1日30語ずつなら、2か月で1800語マスターできることになります。ただ、最初のうちはすでに知っている単語も多いでしょうから、1200語までは1日40語、そこから1500語までは1日30語、そして最後の1800語までは1日20語ずつ、というようにレベル別に覚える単語数を変えてもよいでしょう。

7 ▶最後に一番大切な復習です。日を替えて最低7回は4と5の作業を繰り返します。それ以降も記憶の定着が完璧になるまで適宜復習を続けましょう。

もくじ
Contents

ROUND 1 (300語) 【頻出度★★★★★】 ……………… P.9
No.0001～0300
◆派生語の作り方　接尾辞① 名詞(1) ……………………………… P.70

ROUND 2 (300語) 【頻出度★★★★★】 ……………… P.71
No.0301～0600
◆派生語の作り方　接尾辞② 名詞(2) ……………………………… P.132

ROUND 3 (300語) 【頻出度★★★★】 ……………… P.133
No.0601～0900
◆派生語の作り方　接尾辞③ 形容詞 ……………………………… P.194

ROUND 4 (300語) 【頻出度★★★】 ……………… P.195
No.0901～1200
◆派生語の作り方　接尾辞④ 副詞・動詞 ……………………………… P.256

ROUND 5 (300語) 【頻出度★★】 ……………… P.257
No.1201～1500
◆派生語の作り方　接頭辞① ……………………………… P.318

ROUND 6 (300語) 【頻出度★】 ……………… P.319
No.1501～1800
◆派生語の作り方　接頭辞② ……………………………… P.380

カタカナ語一覧 ……………………………………………………………… P.381

索引 …………………………………………………………………………… P.389

ROUND 1

300 WORDS

【頻出度】
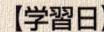

【学習日】

0001 **even** /íːvn/ ❶ ～でさえも ❷ いっそう

▶ 言(イ)い分(ブン)でさえも、いっそう嘘っぽい。

0002 **however** /hauévər/ ❶ しかし

▶ 歯(ハ)、上(ウエ)ばかり。しかし下はなし。

0003 seem /síːm/ ❶ ～らしい ❷ ～のように思える
▶ 死忌む民族らしい ように思える。

0004 change /tʃéindʒ/ ❶ 変化
▶ チェッ！印字が薄く変化。

0005 difficult /dífikəlt/ ❶ 難しい
▶ 自費カルト本の出版は難しい。

0006 mind /máind/ ❶ 心 ❷ 考え
▶ マインドコントロールで心を操る考え。

0007 own /óun/ ❶ 自分自身の ❷ 所有する
▶ お、運。自分自身のものを所有するなんて。

0008 different /dífərənt/ ❶ 違う
▶ 字は「連」とは違う。

0009 while /hwáil/ ❶ 一方 ❷ その間
▶ 帆は要る一方、その間櫓は要らない。

0010 might /máit/ ❶ 力 ❷ ～かもしれない
▶ 麻衣と力比べすると負けるかもしれない。

[0005] difficulty（困難）　[0008] difference（違い）

0011 almost /ɔ́ːlmoust/ ❶ ほとんど

▶ オール燃(モ)すとほとんど残らない。

0012 less /lés/ ❶ より少ない

▶ レス、より少ないとは別れ際(ギワ)。

ROUND 1 ● No.0011-0020

0013 important /impɔ́ːrtənt/ ❶ 重要な
▶ 犬、尾っぽをたんと振るのは重要な。

0014 develop /divéləp/ ❶ 発達する
▶ デブ六方に発達する。

0015 problem /prɑ́bləm/ ❶ 問題
▶ プロ、ぶれん問題解決力。

0016 able /éibl/ ❶ (〜することが)できる
▶ エイ、ぼぉーっとすることができる。

0017 happen /hǽpən/ ❶ 起こる
▶ 8分で起こる。

0018 part /pɑ́ːrt/ ❶ 役割 ❷ 部分 ❸ 分ける
▶ パートの役割は部分ごとに分けること。

0019 believe /bilíːv/ ❶ 信じる
▶ ビリー、Vを信じる。

0020 increase /inkríːs/ ❶ 増える
▶ インク、リースにする会社が増える。

0013 importance（重要） 0014 development（発達）

0021 order /ɔ́ːrdər/
❶ 順序　❷ 注文　❸ 命令する

▶ 小田(オダ)に順序よく注文しろと命令する。

0022 expect /ikspékt/
❶ 期待する

▶ いかすペットを期待する。

ROUND 1 ● No.0021-0030

0023 certain /sə́ːrtn/ ❶ 或る ❷ 確かな
▶ サ店の或るマスター、確かな腕。

0024 decide /disáid/ ❶ 決める
▶ 爺、再度の結婚を決める。

0025 simple /símpl/ ❶ 簡単な
▶ シンプルで簡単な家。

0026 course /kɔ́ːrs/ ❶ 進路
▶ コースで進路が決まる。

0027 human /hjúːmən/ ❶ 人間的な
▶ 飛雄馬、運動能力以外は人間的な。

0028 pay /péi/ ❶ 給料 ❷ 払う
▶ ペーペーの安い給料を払う。

0029 fact /fǽkt/ ❶ 事実
▶ 吐くと汚れるのは事実。

0030 although /ɔːlðóu/ ❶ 〜だけれども
▶ オール像だけれども。

0024 decision（決定） 0025 simply（簡単に）

| 0031 □□ | **rather** | /rǽðər/ | ❶ むしろ ❷ かなり |

▶ ラザニアはピザより むしろ かなり 美味しい。

| 0032 □□ | **matter** | /mǽtər/ | ❶ 問題 ❷ 困ったこと ❸ 重要である |

▶ また 困ったことに 重要である 問題 が起こった。

0033 war /wɔ́ːr/ ❶ 戦争
▶ うぉーっと戦争に突入。

0034 example /igzǽmpl/ ❶ 例
▶ 行く散歩のよい例。

0035 job /dʒɔ́b/ ❶ 仕事
▶ じょぶじょぶ洗う仕事。

0036 side /sáid/ ❶ 側
▶ さぁ、移動、あちら側に。

0037 follow /fɑ́lou/ ❶ ～について行く
▶ 放浪の旅について行く。

0038 cause /kɔ́ːz/ ❶ ～の原因となる
▶ 構図が落選の原因となる。

0039 reason /ríːzn/ ❶ 理由
▶ 利、依存するのは理由がある。

0040 result /rizʌ́lt/ ❶ 結果
▶ 利、ざるとそばで結果を出す。

0037 following（次の） 0039 reasonable（道理に合った）

0041 experience /ikspíəriəns/ ❶ 経験

▶ イカ酢っぺぇ！ありえんす、こんな経験。

0042 suggest /sədʒést/ ❶ 提案する

▶ さじ、エステで使うことを提案する。

0043 **beat** /bíːt/ ❶ たたく
▶ <u>ビート</u>のきいた曲をドラムでたたく。

0044 **past** /pǽst/ ❶ 過ぎ去った ❷ 過去
▶ <u>「パス」</u>と断ったのは過ぎ去った 過去のこと。

0045 **consider** /kənsídər/ ❶ 熟考する
▶ <u>「来ん、死だぁ〜」</u>と雪山で熟考する。

0046 **writer** /ráitər/ ❶ 作家
▶ <u>雷太</u>(ライタ)という作家。

0047 **wonder** /wʌ́ndər/ ❶ 〜かしらと思う ❷ 驚く
▶ <u>椀</u>(ワン)だけかしらと驚く。

0048 **parent** /péərənt/ ❶ 親
▶ <u>ペア0円</u>(レイエン)と知り、飛びつく親。

0049 **whether** /wéðər/ ❶ 〜かどうか
▶ <u>上</u>(ウエ)、ざっとあるかどうか確認して！

0050 **remember** /rimémbər/ ❶ 思い出す
▶ <u>李</u>(リ)、メンバーにいたことを思い出す。

0042 suggestion（提案）　　0045 considerable（かなりの）

0051 clear /klíər/ ❶ きれいにする

▶ クリア後はゲーム機をきれいにする。

0052 plan /plǽn/ ❶ 計画する

▶ プランを計画する。

0053 main /méin/ ❶ 主要な
▶ メインディッシュは主要な料理。

0054 set /sét/ ❶ ひとそろい ❷ 置く
▶ 瀬戸物をひとそろい置く。

0055 age /éidʒ/ ❶ 年齢 ❷ 時代
▶ 英字で年齢を書く時代。

0056 quite /kwáit/ ❶ 全く
▶ 桑井とは全く合わない。

0057 imagine /imædʒin/ ❶ 想像する
▶ 今、仁君のことを想像する。

0058 necessary /nésəseri/ ❶ 必要な
▶ 「寝せ去り」が必要な泥棒。

0059 health /hélθ/ ❶ 健康
▶ ヘルスメーターで健康チェック。

0060 activity /æktívəti/ ❶ 活動
▶ 飽く、ちびちび活動。

0058 necessity（必要）　0059 healthy（健康的な）

0061 depend /dipénd/
❶ 頼る

▶ <u>10ぺん</u>怒鳴られても頼る。

0062 success /səksés/
❶ 成功

▶ <u>サクセス</u>ストーリーは成功物語。

ROUND 1 ● No.0061-0070

| 0063 | **land** | /lǽnd/ | ❶ 上陸する |

▶ ランドセルしょって上陸する。

| 0064 | **lead** | /líːd/ | ❶ 導く |

▶ リードで犬を導く。

| 0065 | **office** | /ɔ́ːfəs/ | ❶ 事務所 |

▶ オフィス街にある事務所。

| 0066 | **realize** | /ríːəlaiz/ | ❶ 理解する |

▶ 利粗い。ズルイ会社と理解する。

| 0067 | **sense** | /séns/ | ❶ 意味 ❷ 感覚 |

▶ 千数個の意味を感覚で覚える。

| 0068 | **hold** | /hóuld/ | ❶ 手に持つ |

▶ 放るドーナツを手に持つ。

| 0069 | **wish** | /wíʃ/ | ❶ 望む |

▶ うっ、異臭！消すことを望む。

| 0070 | **remain** | /riméin/ | ❶ 残る |

▶ 李、メインの司会者として残る。

[0062] successful（成功した）　[0066] reality（現実）

0071 continue /kəntínju/ ❶ 続ける

▶ この手(テ)、犬(イヌ)がなめ続ける。

0072 explain /ikspléin/ ❶ 説明する

▶ いかすプレー、インタビューで説明する。

| 0073 | **common** | /kάːmən/ | ❶ 共通の |

▶ 家紋(カモン)は親戚に共通のしるし。

| 0074 | **science** | /sάiəns/ | ❶ 科学 |

▶ 才媛(サイエン)、数(スウ)学より科学が好き。

| 0075 | **recent** | /ríːsnt/ | ❶ 最近の |

▶ 利、一銭(イッセン)とは最近の売り上げ。

| 0076 | **perhaps** | /pərhǽps/ | ❶ ことによると |

▶ パー、発奮(ハップン)す！ことによると100点かも。

| 0077 | **probably** | /prάbəbli/ | ❶ たぶん |

▶ プロ、バブリーだったのはたぶん本当。

| 0078 | **culture** | /kΛltʃər/ | ❶ 教養 |

▶ 軽っ(カル)！ちゃーんとした教養がない人。

| 0079 | **point** | /pɔ́int/ | ❶ 要点 ❷ 指し示す |

▶ ポイント押さえて要点を指し示す。

| 0080 | **appear** | /əpíər/ | ❶ 現われる ❷ ～らしい |

▶ あ、ピアスが舌から現われる らしい。

[0075] recently（近ごろ）　　[0077] probable（ありそうな）

0081 add /ǽd/ ❶ 加える

▶ 後(アト)で加える。

0082 bear /béər/ ❶ 我慢する ❷ クマ

▶ ベア我慢する クマ。 ※ベア=ベースアップ（定期昇給）

0083 accept /əksépt/ ❶ 受け入れる
▶「あっ臭ぇ～」プッとした屁を受け入れる。

0084 dress /drés/ ❶ 衣服 ❷ 着せる
▶ドレスや衣服を着せる。

0085 return /ritə́ːrn/ ❶ 帰る
▶利たぁ～んまり稼いで帰る。

0086 sound /sáund/ ❶ 健全な ❷ ～に聞こえる
▶「さぁ、運動！」は健全な呼びかけに聞こえる。

0087 case /kéis/ ❶ 場合 ❷ 訴訟 ❸ 事件
▶ケース盗難の場合は訴訟 事件となる。

0088 afraid /əfréid/ ❶ 恐れて
▶溢れ移動、洪水を恐れて。

0089 modern /mɔ́dn/ ❶ 現代の
▶モダンアートは現代の芸術。

0090 deal /díːl/ ❶ 取引 ❷ 量 ❸ 分配する
▶出入る取引先に同じ量を分配する。

0081 addition（追加） 0083 acceptance（受け取ること）

0091 particular /pərtíkjələr/ ❶ 特定の

▶ パーッ！て暮らせる特定の人。

0092 fail /féil/ ❶ 失敗する

▶ 笛いるの忘れて失敗する。

| 0093 | **whole** | /hóul/ | ❶ 全体 |

▶ ホール全体に人。

| 0094 | **front** | /fránt/ | ❶ 前部 ❷ 正面 |

▶ フロントはホテルの前部、正面にある。

| 0095 | **form** | /fɔ́ːrm/ | ❶ 形 |

▶ フォームのきれいな投球の形。

| 0096 | **except** | /iksépt/ | ❶ 〜を除いて |

▶ 行く、セプ島(トウ)を除いては。

| 0097 | **island** | /áilənd/ | ❶ 島 |

▶ アイランド島。

| 0098 | **area** | /éəriə/ | ❶ 地域 |

▶ エリア限定の販売地域。

| 0099 | **train** | /tréin/ | ❶ 列車 ❷ 訓練する |

▶ 取(ト)れん！列車の運転資格を訓練する。

| 0100 | **die** | /dái/ | ❶ 死ぬ |

▶ 大(ダイ)の字になって死ぬ。

[0092] failure（失敗） [0095] formal（正規の）

0101 **trouble** /trʌ́bl/　❶ 心配　❷ 骨を折る

▶ <u>トラブル</u>心配し骨を折る。

0102 **allow** /əláu/　❶ 許す

▶ <u>洗(アラ)</u>うなら許す。

ROUND 1 ● No.0101-0110

0103 instead /instéd/ ❶ 代わりに
▶ 犬捨て、ドブネズミを代わりに飼う。

0104 agree /əgríː/ ❶ 同意する
▶ 亜久里のF1解説に同意する。

0105 several /sévrəl/ ❶ いくつかの
▶ 西部ウラルにいくつかの鉱山。

0106 art /áːrt/ ❶ 芸術
▶ あぁ、戸にも芸術。

0107 express /eksprés/ ❶ 急行の ❷ 表現する
▶ 「エキスプレス」急行の良さを表現する。

0108 line /láin/ ❶ 列
▶ ラインに沿って列をつくる。

0109 education /èdʒəkéiʃən/ ❶ 教育
▶ 絵、字、継承する教育。

0110 likely /láikli/ ❶ ありそうな
▶ 「雷栗」、ありそうな栗の種類。

[0106] artist（芸術家） [0109] educate（教育する）

0111 telephone /téləfòun/ ❶ 電話

▶ 照(テ)れ、本(ホン)気でできない電話。

0112 reach /ríːtʃ/ ❶ 届く

▶ リーチ長いと容易に届く。

0113 special /spéʃəl/ ❶ 特別な

▶ スペシャルで特別なコース。

0114 society /səsáiəti/ ❶ 協会 ❷ 社会

▶ 総裁(ソウサイ)、IT協会(アイティ)を社会のために作る。

0115 moment /móumənt/ ❶ 瞬間

▶ もめんとする瞬間。

0116 easily /íːzəli/ ❶ 容易に

▶ 胃(イ)じりじり容易に痛む。

0117 condition /kəndíʃən/ ❶ 状態 ❷ 調整する

▶ コンディションのよい状態に調整する。

0118 view /vjúː/ ❶ 景色 ❷ 眺める

▶ 美(ビ)、夕方(ユウ)の景色を眺める。

0119 general /dʒénərəl/ ❶ 全体 ❷ 大将 ❸ 一般の

▶ ゼネラルモーターズ全体の大将は一般の人。

0120 manage /mǽnidʒ/ ❶ 管理する ❷ 経営する ❸ どうにか〜する

▶ 真似(マネ)、自分でどうにか 管理、経営する。

0113 specialist（専門家）　0120 management（経営）

0121 chance /tʃǽns/

❶ 偶然　❷ 好機

▶ <u>チャンス</u>は**偶然**訪れる**好機**。

0122 tend /ténd/

❶ 傾向がある

▶ <u>天動説</u>を信じる**傾向がある**。

| 0123 | **period** | /píəriəd/ | ❶ 期間 |

▶ ピリッ！驚(オド)きの期間限定メニュー。

| 0124 | **therefore** | /ðéərfɔ̀ːr/ | ❶ それ故に |

▶ 全員(ゼンイン)アホ。それ故に騙(ダマ)される。

| 0125 | **require** | /rikwáiər/ | ❶ 〜を必要とする |

▶ リックはイヤ！新しいカレを必要とする。

| 0126 | **minute** | /mainjúːt, mínət/ | ❶ 細かい ❷ 瞬間 |

▶ まぁ、犬(イヌ)と細かい瞬間芸の練習。

| 0127 | **air** | /éər/ | ❶ 空気 |

▶ エアコンの涼しい空気。

| 0128 | **choose** | /tʃúːz/ | ❶ 選ぶ |

▶ 宙(チュウ)づりの服の中から選ぶ。

| 0129 | **kill** | /kíl/ | ❶ 殺す |

▶ 切る刃物(キ)で殺す。

| 0130 | **state** | /stéit/ | ❶ 国家 ❷ 州 ❸ 状態 ❹ 述べる |

▶ 吸(ス)っていいと国家や州が状態を述べる。

0122 tendency（傾向） 0128 choice（選択）

0131 amount /əmáunt/
❶ 量

▶ 尼(アマ)うんと量を食べる。

0132 receive /risíːv/
❶ 受ける

▶ レシーブでボールを受ける。

0133 **power** /páuər/ — ❶ 強国 ❷ 権力
▶ パワーがある強国の権力。

0134 **top** /tɑ́p/ — ❶ 最上部
▶ トップの部屋は最上部。

0135 **space** /spéis/ — ❶ 空間 ❷ 余地
▶ スペース空間にある余地。

0136 **serious** /síəriəs/ — ❶ 真剣な
▶ 尻(シリ)、明日(アス)も真剣な顔で触る。

0137 **center** /séntər/ — ❶ 中心 ❷ 集中する
▶ センター街(ガイ)の中心に若者が集中する。

0138 **suppose** /səpóuz/ — ❶ 仮定する
▶ 札幌(サッポロ)、渦(ウズ)の中にあると仮定する。

0139 **fear** /fíər/ — ❶ 恐怖
▶ 火(ヒ)は恐怖。

0140 **cost** /kɔ́st/ — ❶ (費用が)かかる ❷ 犠牲
▶ コストがかかると犠牲が増える。

[0133] powerful（強力な）　[0137] central（中心の）

| 0141 | miss | /mís/ | ❶ 逃す ❷ いなくて寂しい |

▶ みすみす逃す妻、いなくて寂しい。

| 0142 | value | /vǽljuː/ | ❶ 価値 ❷ 評価する |

▶ バリューセットの価値を評価する。

ROUND 1 ● No.0141-0150

0143 meaning /míːniŋ/ ❶ 意味
▶「見に行んぐ」は「見に行く」の意味。

0144 worth /wə́ːrθ/ ❶ 価値がある
▶ わぁ！すごい価値がある。

0145 behavior /bihéivjər/ ❶ ふるまい
▶ B兵、ビア飲むと荒れるふるまい。

0146 present /préznt/ ❶ 現在 ❷ 出席している
▶ プレゼントほしさに現在も出席している。

0147 wife /wáif/ ❶ 妻
▶ わい、太い妻が好きや。

0148 cover /kʌ́vər/ ❶ 覆う
▶ カバーで覆う。

0149 hospital /hɑ́spitəl/ ❶ 病院
▶ 欲す、ピタリ治る病院。

0150 ring /ríŋ/ ❶ 電話をかける
▶ リングをはずして電話をかける。

0142 valuable（価値のある） 0144 worthy（値する）

0151 complete /kəmplíːt/ ❶ 完成する

▶ このプリンいい！と完成する。

0152 full /fúl/ ❶ 満ちた

▶ 古いもので満ちた部屋。

| 0153 | **future** | /fjúːtʃər/ | ❶ 未来 |

▶ 冬ちゃんは未来のお嫁さん。

| 0154 | **else** | /éls/ | ❶ その他に |

▶ え、留守(ルス)？ならその他に誰がいる？

| 0155 | **interest** | /íntərəst/ | ❶ 利益 ❷ 興味 |

▶ インターレストランの利益に興味を持つ。

| 0156 | **party** | /páːrti/ | ❶ 党 ❷ 仲間 ❸ 会合 |

▶ パーティーは党の仲間が集まる会合。

| 0157 | **alone** | /əlóun/ | ❶ 独りで |

▶ あ、ローンを独(ひと)りで返すの無理。

| 0158 | **exactly** | /igzǽktli/ | ❶ 正確に |

▶ イ草喰う鳥(グサクトリ)、正確に見分ける。

| 0159 | **possible** | /pɑ́səbl/ | ❶ ありうる |

▶ ぽぉ〜、さぼるのはありうること。

| 0160 | **history** | /hístəri/ | ❶ 歴史 |

▶ 火(ヒ)、イス、鳥(トリ)の歴史。

0151 completely（完全に）　0158 exact（正確な）

0161 finally /fáinəli/ ❶ ついに

▶ 灰(ハイ)なり、ついにお別れ。

0162 attention /əténʃən/ ❶ 注意

▶ あっ、テンション高い人に注意。

0163 note /nóut/ ❶ メモ ❷ 書き留める
▶ ノートにメモを書き留める。

0164 goal /góul/ ❶ 目標
▶ ゴールするのが目標。

0165 situation /sìtʃuéiʃən/ ❶ 状況
▶ 市中(シチュウ)、家(イエ)、一緒(イッショ)の状況。

0166 improve /imprúːv/ ❶ 改善する
▶ 医院(イイン)、プルうぶな肌に改善する。

0167 similar /símələr/ ❶ 似ている
▶ 染(シ)み、ラーメンのに似ている。

0168 social /sóuʃəl/ ❶ 社会的な
▶ そうし合(ア)える社会的な人。

0169 concern /kənsə́ːrn/ ❶ 関係する ❷ 心配
▶ 閑散(カンサン)。景気に関係するか心配。

0170 trip /tríp/ ❶ つまずく ❷ 旅行
▶ 鳥(トリ)「ぷっ！」、糞(フン)でつまずく 旅行。

0161 final（最後の）　0167 similarity（類似）

0171 worry /wə́ːri/ ❶ 心配する

▶「わりぃー」と相手を心配する。

0172 compare /kəmpéər/ ❶ 比較する

▶このペアをあのペアと比較する。

0173 actually /ǽktʃuəli/ ❶ 実際は
▶ 悪中(アクチュウ)、ありえない実際は。

0174 create /kriéit/ ❶ 創造する
▶ 栗(クリ)、「エイッ」と創造する。

0175 step /stép/ ❶ 段階 ❷ 歩む
▶ ステップ一段階(イチダンカイ)ずつ歩む。

0176 finish /fíniʃ/ ❶ 終える
▶ フィニッシュはピタッと終える。

0177 laugh /lǽf/ ❶ 笑う
▶ ラフな格好を笑う。

0178 meeting /míːtiŋ/ ❶ 会合
▶ ミーティングは部活後の会合。

0179 heavy /hévi/ ❶ 重い ❷ 激しい
▶ ヘビー級の重い選手のパンチは激しい。

0180 least /líːst/ ❶ 一番少ない
▶ リスと一緒の餌は一番少ない。

0173 actual（現実の） 0174 creative（創造的な）

0181 rest /rést/ ❶ 残り ❷ 休む

▶ レストランで残りの人は休む。

0182 type /táip/ ❶ 型

▶ タイプは4つ血液型。

0183 inside /insáid/ ❶ 中に ❷ 内側

▶ 犬、再度中に入り、内側から追い出す。

0184 system /sístəm/ ❶ 制度 ❷ 体系

▶ システム化された制度 体系。

0185 travel /trǽvl/ ❶ 旅行する

▶ トラベル会社を使って旅行する。

0186 avoid /əvɔ́id/ ❶ 避ける

▶ あ、棒！移動し転ぶのを避ける。

0187 object /ɑ́bdʒikt, əbdʒékt/ ❶ 物 ❷ 目的 ❸ 反対する

▶ オブジェ、区・都に物が悪いと反対するのが目的。

0188 wear /wéər/ ❶ 身につけている ❷ すり減る

▶ ウェアーを身につけているとすり減る。

0189 member /mémbər/ ❶ 会員

▶ メンバーズクラブの会員。

0190 notice /nóutəs/ ❶ 知らせ ❷ 気づく

▶ 農地すごいと知らせで気づく。

0182 typical（典型的な）　0190 notable（注目すべき）

0191 company /kámpəni/ ❶ 会社 ❷ 仲間

▶ コンパに会社の仲間と一緒に行く。

そっくりね…

何の会社？

0192 real /ríːəl/ ❶ 現実の

▶ リアルな現実の話。

| 0193 | **speech** | /spíːtʃ/ | ❶ 演説 |

▶ スピーチコンテストで演説。

| 0194 | **sign** | /sáin/ | ❶ 記号 ❷ 掲示 |

▶ サイン（sin）記号を掲示。

| 0195 | **draw** | /dróː/ | ❶ 引く |

▶ 泥(ドロ)を手につけ綱を引く。

| 0196 | **guess** | /gés/ | ❶ 推測する |

▶ ゲストが誰かを推測する。

| 0197 | **control** | /kəntróul/ | ❶ 支配する |

▶ コントロール良いパスで試合を支配する。

| 0198 | **serve** | /sə́ːrv/ | ❶ 仕える ❷ 役に立つ |

▶ サーブの練習に仕える後輩は役に立つ。

| 0199 | **wide** | /wáid/ | ❶ 広い |

▶ ワイド画面は広い。

| 0200 | **plant** | /plǽnt/ | ❶ 植物 |

▶ ぷら〜んとしおれた植物。

0192 really（実際）　0198 service（提供）

0201 attitude /ǽtitjùːd/
❶ 態度

▶「あっち]頂戴(チョウダイ)！」はおばさんの態度。

0202 opportunity /ɔ̀pətjúːnəti/
❶ 機会

▶おっ、ポチ湯にて洗う機会。

0203 date /déit/ ❶ 日付
▶ デートの日付を決める。

0204 size /sáiz/ ❶ 大きさ ❷ 寸法
▶ サイズ表示で大きさや寸法を示す。

0205 purpose /pə́ːrpəs/ ❶ 目的
▶ パー、パスするのが面接の目的。

0206 influence /ínfluəns/ ❶ 影響
▶ インフルエンザの影響。

0207 lack /lǽk/ ❶ ～を欠く
▶ ラックの商品を欠く。

0208 heart /hάːrt/ ❶ 心臓
▶ ハートマークは心臓の形。

0209 free /fríː/ ❶ ただの ❷ 自由な
▶ フリートークはただの場所で自由な会話を。

0210 touch /tʌ́tʃ/ ❶ 接触
▶ タッチの差で先に接触。

[0206] influential（影響力のある） [0209] freedom（自由）

0211 waste /wéist/
❶ 浪費する

▶ **ウエスト**絞るのにお金を**浪費する**。

0212 lie /lái/
❶ 横たわる ❷ うそ

▶ **ライ**麦畑に**横たわる うそ**つき野郎。

0213 rock /rɔ́k/
❶ 岩　❷ 揺り動かす

▶ ロクさんは岩をも揺り動かす。

0214 fill /fíl/
❶ 満たす

▶ 昼(ヒル)に腹を満たす。

0215 especially /ispéʃəli/
❶ 特に

▶ 椅子(イス)ぺしゃり！特に安物だった。

0216 discover /diskʌ́vər/
❶ 発見する

▶ 痔(ジ)、椅子(イス)カバーを発見する。

0217 distance /dístəns/
❶ 距離　❷ 遠方

▶ 爺(ジイ)、イス、タンスの距離を遠方から測る。

0218 deep /díːp/
❶ 深い　❷ 濃い

▶ ディープな話は深いし濃い。

0219 various /véəriəs/
❶ いろいろな

▶ バリアするのはいろいろな菌のため。

0220 machine /məʃíːn/
❶ 機械

▶ マシンガンを作る機械。

0216 discovery（発見）　0217 distant（遠い）

0221 corner /kɔ́ːrnər/
❶ 角 ❷ すみ

▶ 粉(コナ)がたまりやすい角(カド)やすみ。

0222 produce /prədjúːs/
❶ 農産物 ❷ 生産する

▶ プロ、十数(ジュウスウ)種類の農産物を生産する。

おじいちゃんってプロだね！
そうともさー

0223 offer /ɔ́fər/ ❶ 申し出る ❷ 提供する
▶ オフは申し出る人に提供する。

0224 ship /ʃíp/ ❶ 船 ❷ 輸送する
▶ 疾風(シップウ)に耐える船で輸送する。

0225 fire /fáiər/ ❶ 火事
▶ 灰(ハイ)や！火事のあとは。

0226 slow /slóu/ ❶ 遅い
▶ スローで動きが遅い。

0227 opinion /əpínjən/ ❶ 意見
▶ オピニオンリーダーの意見。

0228 phone /fóun/ ❶ 電話をかける
▶ 本(ホン)人が電話をかける。

0229 ability /əbíləti/ ❶ 能力
▶ あぁ、ビリって能力ないのかな？

0230 knowledge /nɔ́lidʒ/ ❶ 知識
▶ 糊(ノリ)じゃ知識はつかない。

0224 shipment（輸送） 0225 fireman（消防士）

0231 strange /stréindʒ/ ❶ 変わった

▶ 酢とオレンジで変わった料理。

0232 pull /púl/ ❶ 引っ張る

▶ プルプルと引っ張る。

0233 doubt /dáut/ ❶ 疑う
▶「ダウト！」と叫んで疑うゲーム。

0234 village /vílidʒ/ ❶ 村
▶ 美・礼・維持している村。

0235 level /lévl/ ❶ 水準
▶ レベルが高い水準の大学。

0236 progress /prάugres/ ❶ 進歩
▶ プロぐれぇ、すげー進歩。

0237 push /púʃ/ ❶ 押す
▶ プッシュボタンを押す。

0238 respect /rispékt/ ❶ 尊敬する ❷ 点
▶ リス、ペコッと尊敬するしぐさがよい点。

0239 business /bíznəs/ ❶ 商売
▶ ビジネス誌で見つけた商売。

0240 mistake /məstéik/ ❶ 誤り
▶ ミスって、いい子がする誤りなんだ。

0233 doubtful（疑わしい） 0234 villager（村人）

0241 exercise /éksərsàiz/ ❶ 練習する

▶ Xサイズの服着て練習する。

0242 event /ivént/ ❶ 出来事

▶ いい弁当見つけたある日の出来事。

0243 treat /tríːt/ ❶ 扱う
▶ 鳥（トリ）、いとおしく扱う。

0244 climb /kláim/ ❶ 登る
▶ 暗（クラ）い、無理（ム）して登るな。

0245 discuss /diskÁs/ ❶ 論ずる
▶ 爺（ジィ）、スカスカの髪を論ずる。

0246 force /fɔ́ːrs/ ❶ 力 ❷ 強いる
▶ ホース重くて力を強いる。

0247 heat /híːt/ ❶ 熱
▶ ヒートアップして熱が出た。

0248 limit /límət/ ❶ 限界 ❷ 制限する
▶ リミット限界まで制限するボクサー。

0249 percent /pərsént/ ❶ 百分率
▶ パーセントで表す百分率。

0250 fresh /fréʃ/ ❶ 新鮮な ❷ 生の
▶ フレッシュで新鮮な 生のジュース。

0242 eventually（結局）　0243 treatment（取り扱い）

0251 action /ǽkʃən/ ❶ 行動

▶ アクションスターの派手な行動。

0252 husband /hʌ́zbənd/ ❶ 夫

▶ 恥ずっ！バンドにはまる夫。

| 0253 | **provide** | /prəváid/ | ❶ 供給する |

▶ プロ倍(バイ)どうぞと供給する。

| 0254 | **voice** | /vɔ́is/ | ❶ 声 |

▶ ボイストレーニングで声を出す。

| 0255 | **drop** | /drɔ́p/ | ❶ 落とす |

▶ ドロップ一粒落とす。

| 0256 | **hit** | /hít/ | ❶ 打つ |

▶ ヒットを打つ。

| 0257 | **product** | /prɔ́dəkt/ | ❶ 製品 |

▶ プロ!抱(ダ)くと落ち着く製品を作る。

| 0258 | **ready** | /rédi/ | ❶ 準備のできた |

▶ レディーとは結婚準備のできた女性。

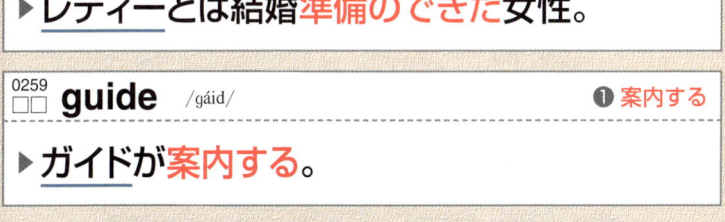

| 0259 | **guide** | /gáid/ | ❶ 案内する |

▶ ガイドが案内する。

| 0260 | **impossible** | /impɔ́səbl/ | ❶ 不可能な |

▶ 犬(イヌ)ポチ、死亡(シボウ)。不可能な手当て。

0251 act(行動する)   0259 guidance(案内)

0261 individual /ìndəvídʒəl/ ❶ 個人の

▶ <u>インド美女</u>、ある<u>個人</u>の妻。

0262 reduce /ridjúːs/ ❶ 減らす

▶ <u>理事有</u>する財産を<u>減らす</u>。

0263 rate /réit/ ❶ 割合

▶ 冷凍食品の割合が高い。

0264 dry /drái/ ❶ 乾いた ❷ つまらない

▶ ドライクリーニングで乾いた つまらない服。

0265 dangerous /déindʒərəs/ ❶ 危険な

▶ 出ん。じゃあ、ラスト1回が危険なパチンコ。

0266 mention /ménʃən/ ❶ 言及する

▶ 「メンション」は「男のマンション」と言及する。

0267 represent /rèprizént/ ❶ 表現する

▶ リップ、プレゼントして愛を表現する。

0268 throw /θróu/ ❶ 投げる

▶ スローな動きで投げる。

0269 government /gʌ́vəmənt/ ❶ 政治

▶ グァバ麺とは政治主導で開発。

0270 enter /éntər/ ❶ 入る

▶ エンターテイナーが会場に入る。

0265 danger（危険） 0270 entrance（入り口）

0271 couple /kʌ́pl/ ❶ 一組 ❷ 夫婦

▶ カップルは一組の夫婦。

0272 meal /míːl/ ❶ 食事

▶ 見入(ミイ)るほどの豪華な食事。

0273 pick /pík/ ❶ 精選物 ❷ 選ぶ

▶ ピックアップする精選物を選ぶ。

0274 nation /néiʃən/ ❶ 国民

▶ 寝(ネ)ションが当たり前の国民。

0275 program /próugræm/ ❶ 予定 ❷ 番組

▶ プログラムの予定変更で番組中止。

0276 share /ʃéər/ ❶ 分け前 ❷ 分け合う

▶ 市営(シエイ)やから分け前を分け合う。

0277 beginning /bigíniŋ/ ❶ 始め

▶ 美技(ビギ)、人形(ニンギョウ)作りの始めの一彫り。

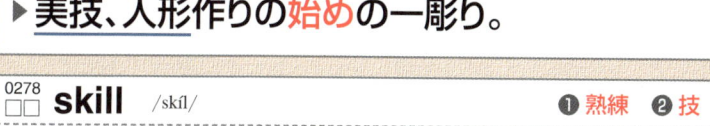

0278 skill /skíl/ ❶ 熟練 ❷ 技

▶ スキルが必要な熟練の技。

0279 exist /igzíst/ ❶ 存在する

▶ 育児(イクジ)ストアーは存在する。

0280 normal /nɔ́ːrməl/ ❶ 標準の

▶ ノーマルタイヤは標準の価格。

0274 national（国民の）　0279 existence（存在）

0281 throughout /θruáut/
❶ ～中ずっと

▶ **する**わ、うとうと授業**中ずっと**。

0282 price /práis/
❶ 値段

▶ **プライス**ダウンで**値段**を下げる。

0283 process /prɑ́ses/ ❶ 処理する ❷ 過程

▶ プロセスチーズを処理する過程。

0284 affect /əfékt/ ❶ 影響を及ぼす

▶ あっ、屁(へ)！食(く)っとる人に影響を及ぼす。

0285 single /síŋgl/ ❶ 独身の

▶ シングルベッドは独身の人用。

0286 report /ripɔ́ːrt/ ❶ 報告する

▶ リポート用紙で報告する。

0287 address /ədrés/ ❶ 住所 ❷ 演説 ❸ 宛名を書く

▶ アドレス帳の住所に演説会案内の宛名を書く。

0288 century /séntʃəri/ ❶ 世紀

▶ 戦地(センチ)売(ウ)り、別れを告げる前世紀。

0289 win /wín/ ❶ 勝つ

▶ ウインナーで勝つ。

0290 piece /píːs/ ❶ 一部分

▶ ピース！家の一部分が完成。 ※家 いえ → ie

[0283] proceed（進行する）　[0289] winner（勝利者）

0291 **maybe** /méibi/ ❶ たぶん

▶ 姪B型、たぶん。
メイ ビー

0292 **effect** /ifékt/ ❶ 結果 ❷ 影響

▶ いい笛吹くと結果に影響。
　　　フエ フ

0293 unite /junáit/ ❶ 結合させる
▶ 湯(ユ)ないところで結合させる。

0294 map /mæp/ ❶ 地図
▶ マップは1枚の地図。

0295 practice /préktis/ ❶ 練習
▶ プー楽(ラク)！ってすっかり練習しなくなる。

0296 bank /bæŋk/ ❶ 堤防
▶ バン、苦労(ク)して堤防を走る。

0297 include /inklúːd/ ❶ 含む
▶ インク売るドイツも仲間に含(ウ)む。

0298 personal /pə́ːrsənəl/ ❶ 個人の
▶ パーソナルコンピュータは個人のパソコン。

0299 hardly /háːrdli/ ❶ ほとんど～ない
▶ 歯(ハ)取(ト)り、ほとんど食べられない。

0300 public /pʌ́blik/ ❶ 公共の
▶ パブ、陸(リク)にあるのは公共のもの。

0292 effective（効果的な） 0295 practical（実際的な）

派生語の作り方
接尾辞① 名詞(1)

単語の語尾に接尾辞をつけると、たくさんの派生語ができます。作り方と意味を覚えて、一気に単語数を倍増させましょう。

(1) -er (-or、-ar) をつけると、「〜する人 (もの)」の意味の名詞になる
- □ keeper　　　番人
- □ stopper　　　栓
- □ New Yorker　ニューヨークの人
- □ visitor　　　訪問者
- □ actor　　　俳優
- □ liar　　　うそつき

(2) -ee をつけると、「〜される人」の意味の名詞になる
- □ employee　　従業員
- 　(employer　　雇い主)
- □ examinee　　受験者
- 　(examiner　　試験官)

(3) -ist、-(i)an をつけると、「人」を表す意味の名詞になる
- □ artist　　　芸術家
- □ musician　　音楽家
- □ pianist　　　ピアニスト
- □ magician　　奇術師

(4) -logy は「〜学、〜論」、-ics は「〜学、〜術」の意味の名詞になる
- □ biology　　　生物学
- □ economics　　経済学
- □ geology　　　地質学
- □ physics　　　物理学

(5) -ism をつけると、「〜主義」の意味の名詞になる
- □ nationalism　国家主義
- □ communism　共産主義
- □ egoism　　　利己主義
- □ Buddhism　　仏教

(6) 動詞に -ment をつけると、「〜すること」の意味の名詞になる
- □ enjoyment　　楽しむこと
- □ treatment　　処理
- □ amuzement　楽しませること
- □ excitement　　興奮

(7) -ion をつけると、「動作・結果・状態」を表す名詞になる
- □ action　　　行動
- □ expectation　期待
- □ connection　　関係
- □ addition　　　追加

(8) 形容詞に -ness をつけて、「性質・状態・行為」の抽象名詞にする
- □ business　　仕事
- □ happiness　　幸福
- □ illness　　　病気
- □ usefulness　　有用性

COLUMN

ROUND 2

300 WORDS

【頻出度】
★★★★★

【学習日】

0301 prepare /pripéər/ ❶ 準備する

▶ プリ、ペアで撮る準備する。

0302 damage /dǽmidʒ/ ❶ 損害を与える

▶ ダメ爺(ジィ)、損害を与える。

| 0303 | **dead** /déd/ | ❶ 死んだ |

▶ デッドが死んだ状態で見つかる。

| 0304 | **straight** /stréit/ | ❶ まっすぐな |

▶ ストレートはまっすぐな球。

| 0305 | **technology** /teknɔ́lədʒi/ | ❶ 科学技術 |

▶ てか、のろいじゃん、科学技術の進歩。

| 0306 | **prove** /prúːv/ | ❶ 証明する |

▶ プルッ！うぶな肌だと証明する。

| 0307 | **round** /ráund/ | ❶ 〜の周りに ❷ 一巡 |

▶ ラウンドガールがリングの周りを一巡する。

| 0308 | **race** /réis/ | ❶ 人種 ❷ 競争 |

▶ レースは人種間で競争。

| 0309 | **popular** /pɔ́pjələ/ | ❶ 人気がある |

▶ ポピュラーな曲は人気がある。

| 0310 | **introduce** /ìntrədjúːs/ | ❶ 紹介する |

▶ 医院、トロジュース(イン)を紹介する。

0303 death（死）　0309 population（人口）

0311 exchange /ikstʃéindʒ/ ❶ 交換する

▶ いかす！チェンジしてと交換する。

0312 foreign /fɔ́ːrin/ ❶ 外国の

▶ 彫(ホ)りうんと深い外国の人。

| 0313 | **forget** /fərgét/ | ❶ 忘れる |

▶ ほげぇ〜として忘れる。

| 0314 | **loss** /lɔ́ːs/ | ❶ 失うこと ❷ 敗北 |

▶ ロスタイムに点を失うことで敗北。

| 0315 | **economic** /ìːkənɔ́mik/ | ❶ 経済の |

▶ いい子の3日（ミッカ）でわかる経済の本。

| 0316 | **quality** /kwάːləti/ | ❶ 質 |

▶ 食（ク）われて落ちるあんパンの質。

| 0317 | **image** /ímidʒ/ | ❶ 想像する |

▶ イメージガールを想像する。

| 0318 | **usual** /júːʒuəl/ | ❶ いつもの |

▶ 祐二（ユウジ）、歩く（アル）いつもの道。

| 0319 | **marry** /mǽri/ | ❶ 〜と結婚する |

▶ まりちゃんと結婚する。

| 0320 | **seat** /síːt/ | ❶ 座席 ❷ 座らせる |

▶ CとDの座席に子供を座らせる。

0314 lost（失った）　0318 usually（ふつうは）

0321 shape /ʃéip/
❶ 状態 ❷ 形

▶ シェイプアップした状態の形を作る。

0322 judge /dʒʌ́dʒ/
❶ 判断する

▶ ジャッジが判断する。

0323 nature /néitʃər/ ❶ 本性 ❷ 自然
▶ 姉(ネイ)ちゃんの本性は自然派。

0324 paint /péint/ ❶ 塗料 ❷ 絵を描く
▶ ペイント会社の塗料で絵を描く。

0325 support /səpɔ́ːrt/ ❶ 支える
▶ サポート体制がチームを支える。

0326 energy /énərdʒi/ ❶ エネルギー
▶ 恵那路(エナジ)で満たされるエネルギー。

0327 record /rékərd/ ❶ 記録
▶ レコードの売り上げ記録。

0328 memory /méməri/ ❶ 思い出 ❷ 記憶
▶ メモり、思い出として記憶。

0329 forest /fɔ́ːrəst/ ❶ 森林
▶ ほぉ〜、レストランが森林の中に。

0330 south /sáuθ/ ❶ 南
▶ さぁ、臼(ウス)を南に向けよう。

[0323] natural（自然の） [0330] southern（南の）

0331 contain /kəntéin/ ❶ 含む

▶ 寒天（カンテン）を含む。

0332 demand /dimǽːnd/ ❶ 要求する

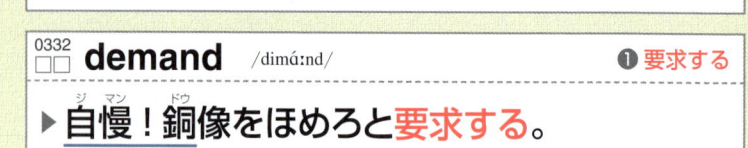

▶ 自慢（ジマン）！銅像（ドウゾウ）をほめろと要求する。

0333 careful /kéərfl/ ❶ 注意深い
▶ 毛(ケ)、アフロにするなら注意深い店で。

0334 movement /múːvmənt/ ❶ 運動
▶ ムーブメントが改革運動になる。

0335 figure /fígjər/ ❶ 心に描く ❷ 姿 ❸ 数字
▶ フィギュア選手が心に描く理想の姿と数字。

0336 check /tʃék/ ❶ 小切手 ❷ 照合 ❸ 阻止する
▶ チェック部(ブ)門(モン)で小切手を照合し、不正を阻止する。

0337 tired /táiərd/ ❶ 疲れた
▶ タイヤどうしても外せず疲れた。

0338 material /mətíəriəl/ ❶ 原料
▶ まったり、あるお菓子の原料。

0339 nor /nɔːr/ ❶ ～もまた～ない
▶ ノアの箱舟もまた助けてくれない。

0340 major /méidʒər/ ❶ 主要な
▶ メジャーリーグの主要な選手。

0331 container（入れ物） 0340 majority（大多数）

0341 occur /əkə́ːr/ ❶ 起こる

▶ <u>おっか</u>ぁ来ると何かが起こる。

0342 field /fíːld/ ❶ 野原

▶ <u>昼</u>どんぶりを食べる野原。

0343 aware /əwéər/ ❶ 気づいて
▶「あ、う、え」、ア行だと気づいている。

0344 hang /hǽŋ/ ❶ 吊るす
▶ハンガーに吊るす。

0345 total /tóutl/ ❶ 合計
▶トータルの合計金額。

0346 research /risə́ːrtʃ/ ❶ 調査 ❷ 研究する
▶理沙、あちこち調査・研究する。

0347 join /dʒɔ́in/ ❶ 参加する
▶ジョー、インドツアーに参加する。

0348 tie /tái/ ❶ 結束
▶タイ人の結束。

0349 environment /envái(ə)rənmənt/ ❶ 環境
▶縁倍！路面とっても出会いの多い環境。

0350 university /jùːnəvə́ːrsəti/ ❶ (総合)大学
▶ユニバー・シティーにある大学。

[0347] joint（継ぎ目） [0349] environmental（環境の）

0351 search /sə́ːrtʃ/ ❶ 捜索

▶ さぁ、あっちを捜索しよう。

0352 sight /sáit/ ❶ 視力

▶ 斉藤(サイトウ)は視力がいい。

0353 rule /rúːl/
❶ 規則 ❷ 支配する

▶ ルールや規則で支配する。

0354 law /lɔ́ː/
❶ 法

▶ ロースクールで法を学ぶ。

0355 international /ìntərnǽʃənəl/
❶ 国際的な

▶ インターナショナルスクールは国際的な学校。

0356 cross /krɔ́ːs/
❶ 交差 ❷ 横切る

▶ クロスする交差点を横切る。

0357 aid /éid/
❶ 助ける

▶ エイ、どうにかして助ける。

0358 market /máːrkət/
❶ 市場

▶ まぁ、きっとまけてくれる市場。

0359 wood /wúd/
❶ 材木

▶ ウドの大木が材木に。

0360 spirit /spírət/
❶ 精神

▶ 酢、ピリッと精神が正される。

0354 lawyer（弁護士）　0360 spiritual（精神的な）

0361 encourage /enkɜ́ːrɪdʒ/ ❶ 励ます

▶ <u>縁</u>、<u>カレッジ</u>で見つかるよ！と励ます。

0362 thus /ðʌ́s/ ❶ このように

▶ 「<u>ざぁーす</u>」はこのように言う。

| 0363 | **being** | /bíːiŋ/ | ❶ 存在 |

▶ 「ビーイング」は就職に欠かせない存在。

| 0364 | **count** | /káunt/ | ❶ 数える |

▶ カウントスリーまで数える。

| 0365 | **accident** | /ǽksədənt/ | ❶ 偶然 ❷ 事故 |

▶ アクシデント発生！偶然の事故。

| 0366 | **suffer** | /sʌ́fər/ | ❶ 被る |

▶ 左(サ)派(ハ)政権がデモの被害を被る。

| 0367 | **save** | /séiv/ | ❶ 救う |

▶ 西(セイ)部(ブ)の町を救う。

| 0368 | **manner** | /mǽnər/ | ❶ 作法 |

▶ マナー教室で作法を学ぶ。

| 0369 | **supply** | /səplái/ | ❶ 供給する |

▶ さぁ、プライドかけて供給するぞ。

| 0370 | **patient** | /péiʃənt/ | ❶ 忍耐強い ❷ 患者 |

▶ ペシャンとなっても忍耐強い 患者。

0361 encouragement（激励） 　 0365 accidental（偶然の）

0371 refuse /rifjúːz/ ❶ 拒絶する

▶ <u>霊封</u>ず！悪霊を拒絶する。
(レイ フウ)

0372 advice /ədváis/ ❶ 忠告

▶ <u>アドバイス</u>は忠告でもある。

0373 design /dizáin/ ❶ 設計する
▶ デザイン事務所で設計する。

0374 guy /gái/ ❶ やつ
▶ 害(ガイ)のないやつ。

0375 captain /kǽptən/ ❶ 船長 ❷ 主将
▶ キャプテンは船長や主将。

0376 quiet /kwáiət/ ❶ 静かな
▶ 桑井(クワイ)、「エッ!」と叫んだ後は静かな。

0377 fun /fÁn/ ❶ おもしろみ
▶ ファンが求めるおもしろみ。

0378 basic /béisik/ ❶ 基礎の
▶ ベイシックコースで基礎の勉強。

0379 variety /vəráiəti/ ❶ 多様性
▶ バラエティー番組の多様性。

0380 measure /méʒər/ ❶ 物差し ❷ 測る
▶ 目(メ)じゃあ、物差しのように測るのは無理。

0371 refusal (拒絶) 0372 advise (忠告する)

0381 terrible /térəbl/
❶ 恐ろしい

▶ 寺(テラ)、ぼ〜っとして恐ろしい。

0382 ahead /əhéd/
❶ 前方に

▶ あ、屁！どうも原因は前方に。

| 0383 | **traffic** /trǽfik/ | ❶ 交通 |

▶ トラひく**交通**事故。

| 0384 | **message** /mésidʒ/ | ❶ 伝言 |

▶ メッセージコーナーにある**伝言**。

| 0385 | **hurt** /hə́ːrt/ | ❶ 傷つける |

▶ ハートを**傷つける**。

| 0386 | **peace** /píːs/ | ❶ 平和 |

▶ ピースサインで喜ぶ**平和**。

| 0387 | **project** /prɑ́dʒekt/ | ❶ 事業 ❷ 計画 |

▶ プロジェクトチームで**事業**を**計画**。

| 0388 | **press** /prés/ | ❶ 新聞 ❷ 印刷 |

▶ プレス機で**新聞**を**印刷**。

| 0389 | **examine** /igzǽmən/ | ❶ 調査する |

▶ 戦(イクサ)みんなで**調査する**。

| 0390 | **copy** /kɑ́pi/ | ❶ 複写する |

▶ コピー機で**複写する**。

0388 pressure（圧力） 0389 examination（試験）

0391 subject /sʌ́bdʒekt/ ❶ 主題

▶「さぁ、無事食っとるか?」が最近の主題。

0392 effort /éfərt/ ❶ 努力

▶え、放蕩(ホウトウ)息子が努力?

| 0393 | **gas** | /gǽs/ | ❶ ガス ❷ ガソリン |

▶ ガス会社が作るガスやガソリン。

| 0394 | **reply** | /riplái/ | ❶ 返事する |

▶ 利、プライドかけて増やす！と返事する。

| 0395 | **coach** | /kóutʃ/ | ❶ 客車 |

▶ コーチが客車に乗る。

| 0396 | **neither** | /níːðər/ | ❶ どちらも〜でない |

▶ 新座も銀座もどちらも嫌いじゃない。

| 0397 | **customer** | /kʌ́stəmər/ | ❶ 客 |

▶ 貸すとまぁ、返さないのが客。

| 0398 | **pupil** | /pjúːpl/ | ❶ 生徒 |

▶ ピューピュー、うるさい生徒。

| 0399 | **temperature** | /témpərətʃər/ | ❶ 温度 |

▶ 天ぷらちゃ〜んと揚がる温度。

| 0400 | **conversation** | /kɔ̀nvəséiʃən/ | ❶ 会話 |

▶ 今晩、聖書で神様と会話。

[0391] subjective（主観的な）　[0400] conversational（会話の）

0401 pain /péin/
❶ 痛み

▶ ペイいいんだが、痛みを伴う労働。

0402 survive /sərváiv/
❶ 生き残る

▶ サバ、いぶって食べて生き残る。

| 0403 | **master** /mæstər/ | ❶ 主人 |

▶「マスター！」と店の主人を呼ぶ。

| 0404 | **flat** /flǽt/ | ❶ 平らな |

▶ フラットで平らな土地。

| 0405 | **immediately** /imíːdiətli/ | ❶ 直ちに |

▶ 意味(イミ)、字(ジ)、合(ア)っとり、直ちに○をつける。

| 0406 | **farmer** /fáːrmər/ | ❶ 農夫 |

▶ 浜(ハマ)にはいない農夫。

| 0407 | **department** /dipáːrtmənt/ | ❶ 部門 |

▶ デパート、面倒(メンドウ)な部門を廃止。

| 0408 | **indeed** /indíːd/ | ❶ 本当に |

▶ インドいいと本当に思う。

| 0409 | **position** /pəzíʃən/ | ❶ 位置 |

▶ ポジションは守備位置。

| 0410 | **quick** /kwík/ | ❶ すばやい |

▶ 喰(ク)い行(イ)く時はすばやい。

0402 survival（生き残り）　　0405 immediate（直接の）

0411 **former** /fɔ́:rmər/ ❶ 以前の

▶ フォームは以前の方がよい。

0412 **issue** /íʃu:/ ❶ 出す ❷ 問題

▶ 異臭(イシュウ)出すのは問題。

| 0413 | **average** | /ǽvəridʒ/ | ❶ 平均 |

▶ 阿部、0時が平均の帰宅時間。

| 0414 | **pleasure** | /pléʒər/ | ❶ 喜び |

▶ プレジャーランドで遊ぶ喜び。

| 0415 | **mark** | /máːrk/ | ❶ 印 ❷ 採点する |

▶ まー君の答案に印をつけて採点する。

| 0416 | **degree** | /digríː/ | ❶ 程度 |

▶ で、グリーンまでどの程度？

| 0417 | **language** | /lǽŋgwidʒ/ | ❶ 言語 |

▶ ランゲージスクールで言語を学ぶ。

| 0418 | **match** | /mǽtʃ/ | ❶ 試合 ❷ 似合う |

▶ 町で試合するのが似合う人。

| 0419 | **none** | /nʌ́n/ | ❶ 何ひとつ〜ない ❷ 誰も〜ない |

▶ 何ひとつないし、誰もいない。

| 0420 | **belong** | /bilɔ́ŋ/ | ❶ 属する |

▶ 美、ロングヘアの女性に属する。

0414 pleasant（楽しい）　0420 belongings（所有物）

0421 invite /ınváıt/ ❶ 招待する

▶ 犬(イヌ)、バイト先に招待する。

0422 raise /réız/ ❶ 育てる

▶ 例図(レイズ)を見て育てる。

| 0423 | **attack** | /ətǽk/ | ❶ 攻撃する |

▶ あった鍬(クワ)で熊を攻撃する。

| 0424 | **weight** | /wéit/ | ❶ 重さ |

▶ ウエイトトレーニングで増す重さ。

| 0425 | **kid** | /kíd/ | ❶ 子供 ❷ 子ヤギ |

▶ 軌道(キドウ)に子供と子ヤギ。

| 0426 | **wave** | /wéiv/ | ❶ 波 ❷ 波立つ |

▶ ウェーブの波がきれいに波立つ。

| 0427 | **achieve** | /ətʃíːv/ | ❶ 達成する |

▶ あっち、いい部(ブ)！優勝達成する。

| 0428 | **thought** | /θɔ́ːt/ | ❶ 考え |

▶ そぉ〜っと考えを伝える。

| 0429 | **fight** | /fáit/ | ❶ 戦う |

▶ ファイトあるボクサーが戦う。

| 0430 | **middle** | /mídl/ | ❶ 真ん中の |

▶ ミドル級は真ん中のクラス。

[0424] weigh（量る）　　[0428] thoughtful（思いやりのある）

0431 disease /dizíːz/ ❶ 病気

▶ で、爺ずっと病気なの？

0432 surprise /səpráiz/ ❶ 驚かす

▶ サプライズを用意して驚かす。

| 0433 | **destroy** | /distrɔ́i/ | ❶ 破壊する |

▶ 辞す、とろい社長が会社を破壊する。

| 0434 | **protect** | /prətékt/ | ❶ 保護する |

▶ プロって苦闘(クトウ)して体を保護するんだ。

| 0435 | **character** | /kǽrəktər/ | ❶ 性格 ❷ 文字 |

▶ キャラクターの性格を文字で表す。

| 0436 | **spread** | /spréd/ | ❶ 広がる |

▶ スプレーどうやっても広がる。

| 0437 | **promise** | /prɔ́mis/ | ❶ 約束 |

▶ プロ、ミス日本と結婚の約束。

| 0438 | **crowd** | /kráud/ | ❶ 多数 ❷ 群衆 ❸ 群がる |

▶ クラウド君に多数の群衆が群がる。

| 0439 | **adult** | /ədʌ́lt/ | ❶ 大人の |

▶ 「あぁ、ダルッ」とは大人の口癖。

| 0440 | **local** | /lóukl/ | ❶ 地元の |

▶ ローカル局は地元のテレビ局。

0433 destruction（破壊）　0434 protection（保護）

0441 role /róul/
❶ 役割

▶ ロールケーキを切る役割。

0442 bit /bít/
❶ 少量

▶ 微糖(ビトウ)にするなら少量。

| 0443 | **breath** /bréθ/ | ❶ 息 |

▶ ブレスレットに息かけ磨く。

| 0444 | **method** /méθəd/ | ❶ 方法 |

▶ 瞑想度(メイソウド)を高める方法。

| 0445 | **noise** /nɔ́iz/ | ❶ 騒音 |

▶ 脳(ノウ)、いずれ騒音に我慢できなくなる。

| 0446 | **bone** /bóun/ | ❶ 骨 |

▶ ボンドで骨をくっつける。

| 0447 | **badly** /bǽdli/ | ❶ ひどく ❷ 悪く |

▶ バット折(オ)り、結果はひどく 悪く。

| 0448 | **pattern** /pǽtərn/ | ❶ 型 |

▶ パターうんと型の練習。

| 0449 | **board** /bɔ́ːrd/ | ❶ 乗り込む |

▶ ボードを持って船に乗り込む。

| 0450 | **weather** /wéðər/ | ❶ 天気 |

▶ 植え、ザーザー天気で育つ稲。

0443 breathe（息をする）　0445 noisy（やかましい）

0451 ought /ɔ́ːt/
❶ 〜すべきである

▶ <u>応(オウ)答(トウ)</u>**すべきである**。

0452 model /mɑ́dl/
❶ 型 ❷ 手本

▶ <u>モデル</u>が歩きの<u>型</u>の<u>手本</u>。

| 0453 | **hate** /héit/ | ❶ 憎む |

▶ 兵(ヘイ)と戦争を憎む。

| 0454 | **perform** /pəfɔ́ːrm/ | ❶ 演ずる |

▶ パー、ホームで演ずる。

| 0455 | **taste** /téist/ | ❶ 味わう |

▶ テイストの違いを味わう。

| 0456 | **visitor** /vízətər/ | ❶ (訪問)客 |

▶ 美人(ビジン)絶(タ)えない訪問客。

| 0457 | **attempt** /ətémpt/ | ❶ 試みる |

▶ あっ、添付(テンプ)取れないように試みる。

| 0458 | **sale** /séil/ | ❶ 販売 |

▶ セール価格で販売。

| 0459 | **argue** /áːrgjuː/ | ❶ 議論する |

▶ あぁ、牛(ギュウ)危ないと議論する。

| 0460 | **strength** /stréŋkθ/ | ❶ 力 ❷ 強さ |

▶ すっと連行(レンコウ)する力 強さ。

0453 hatred（憎しみ） 0454 performance（実行）

0461 **charge** /tʃɑ́ːrdʒ/　❶ 責任　❷ 非難　❸ 料金　❹ 請求する

▶ 茶(チャ)、味(アジ)の責任を非難し料金を請求する。

0462 **shock** /ʃɑ́k/　❶ 衝撃

▶ ショック！あいつに彼女ができた衝撃！

0463 custom /kʌ́stəm/ ❶ 習慣
▶ かすった！無理な運転をする習慣。 ※うんてん → u

0464 daily /déili/ ❶ 毎日
▶ 出入りが毎日ある店。

0465 gather /gǽðər/ ❶ 集める
▶ 餃子を集める。

0466 experiment /ikspérəmənt/ ❶ 実験
▶ イカ酢、ペリー麺と合わせる実験。

0467 spot /spɑ́t/ ❶ 地点
▶ スポットライトが当たる地点。

0468 suit /súːt/ ❶ 適合する ❷ 似合う
▶ すぅーっと体に適合するスーツが似合う。

0469 smell /smél/ ❶ 嗅ぐ ❷ 臭いがする
▶ 住めるけど嗅ぐと臭いがする。

0470 bottom /bɑ́təm/ ❶ 底
▶ ボトンと底へ沈む。

0462 shocking（驚くほどの） 0468 suitable（適切な）

0471 blood /blʌ́d/ ❶ 血

▶ ブラッド・ピットの血が欲しい。

0472 challenge /tʃǽləndʒ/ ❶ 挑戦する

▶ チャレンジ精神で挑戦する。

| 0473 | **tear** | /tíər, téər/ | ❶ 涙　❷ 引き裂く |

▶ 手や！涙流して手紙を引き裂くのは。

| 0474 | **beach** | /bíːtʃ/ | ❶ 浜辺 |

▶ ビーチパラソル花咲く浜辺。

| 0475 | **president** | /prézədənt/ | ❶ 大統領　❷ 社長 |

▶ プレジデントは大統領や社長の車。

| 0476 | **relative** | /rélətiv/ | ❶ 関係のある　❷ 親戚 |

▶ レーラ、一部関係のある 親戚。

| 0477 | **nurse** | /nə́ːrs/ | ❶ 乳母　❷ 世話をする |

▶ ナースが乳母の世話をする。

| 0478 | **bright** | /bráit/ | ❶ 明るく輝く　❷ 利口な |

▶ ブラ、糸が明るく輝く 利口な女性。

| 0479 | **wild** | /wáild/ | ❶ 野生の　❷ 乱暴な |

▶ ワイルドな野生の 乱暴な動物。

| 0480 | **approach** | /əpróutʃ/ | ❶ 近づく |

▶ あ、プロ、撃ちに近づく。

0471 bleed（出血する）　0476 relate（関係させる）

0481 root /rúːt/ ❶ 根

▶ √̅ (ルート) は根という意味。

0482 feed /fíːd/ ❶ 餌を与える

▶ ヒドイ餌を与える。

| 0483 | **birth** | /bə́ːrθ/ | ❶ 誕生 |

▶ バースデーケーキで祝う誕生日。

| 0484 | **industry** | /índəstri/ | ❶ 産業 ❷ 勤勉 |

▶ いいんだ、ストーリーで産業を勤勉に研究しても。

| 0485 | **surely** | /ʃúəli/ | ❶ 確かに |

▶ シュー、蟻(アリ)は確かに好き。

| 0486 | **weekend** | /wíːkènd/ | ❶ 週末 |

▶ 「うぃ〜っ！一軒(イッケン)どう?」の週末。

| 0487 | **block** | /blɑ́k/ | ❶ かたまり ❷ 街区 ❸ ふさぐ |

▶ ブロックのかたまりで街区をふさぐ。

| 0488 | **lovely** | /lʌ́vli/ | ❶ かわいらしい |

▶ ラブリー！とかわいらしい彼女に言う。

| 0489 | **senior** | /síːnjər/ | ❶ 年上の人 |

▶ 死(シ)にゃしない年上の人。

| 0490 | **ill** | /íl/ | ❶ 病気で |

▶ いるけど病気で寝ている。

0482 food（食物）　0484 industrial（産業の）

0491 **physical** /fízikl/ ❶ 肉体の

▶ ひい爺(ジイ)軽(カル)い肉体の動き。

0492 **bill** /bíl/ ❶ 請求書 ❷ 紙幣

▶ ビル購入の請求書を紙幣で払う。

| 0493 **pool** /púːl/ | ❶ 水たまり |

▶ プールのわきの水たまり。

| 0494 **interview** /íntərvjùː/ | ❶ 会見 |

▶ インタビューで会見をする。

| 0495 **perfect** /pə́ːrfikt/ | ❶ 完全な |

▶ パーフェクトで完全な解答。

| 0496 **plain** /pléin/ | ❶ 質素な ❷ 明白な |

▶ プレーン味は質素なことが明白な。

| 0497 **roof** /rúːf/ | ❶ 屋根 |

▶ ルー、古い屋根を替える。

| 0498 **dirty** /də́ːrti/ | ❶ 汚れた |

▶ だぁー、血がついて汚れた。

| 0499 **according** /əkɔ́ːrdiŋ/ | ❶ 〜に従って |

▶ 赤穂神宮の様式に従って。

| 0500 **medical** /médikl/ | ❶ 医学の |

▶ 目で軽く医学の勉強。

0491 physics（物理学） 0498 dirt（泥）

0501 shake /ʃéik/ ❶ 振る

▶ <u>シェイク</u>、振るとまた出る。

0502 tradition /trədíʃən/ ❶ 伝統

▶ <u>トラでしょう</u>！伝統ある球団は。

オレは楽天ファンなんだッ

| 0503 | **hide** | /háid/ | ❶ 隠す |

▶ 廃道(ハイドウ)を隠す。

| 0504 | **chief** | /tʃíːf/ | ❶ 主な ❷ 長 |

▶ チーフは主な部門の長。

| 0505 | **smoke** | /smóuk/ | ❶ 煙草 ❷ 煙 |

▶ 相撲(スモウ)クラブで煙草の煙。

| 0506 | **pair** | /péər/ | ❶ 一組 ❷ 夫婦 |

▶ ペアルックを着ている一組の夫婦。

| 0507 | **gain** | /géin/ | ❶ 得る |

▶ 原因(ゲンイン)の情報を得る。

| 0508 | **lift** | /líft/ | ❶ 持ち上げる |

▶ リフトで持ち上げる。

| 0509 | **post** | /póust/ | ❶ 柱 ❷ 掲示する |

▶ ポスト変更を柱に掲示する。

| 0510 | **weak** | /wíːk/ | ❶ 弱い |

▶ ウィークポイントは弱い点。

0502 traditional(伝統的な)　0510 weaken(弱める)

0511 stare /stéər/ ❶ じっと見る

▶ 吸ってやぁ、みんながじっと見る。

0512 giant /dʒáiənt/ ❶ 巨大な

▶ ジャイアントパンダは巨大な。

| 0513 | **blow** | /blóu/ | ❶ 痛打 ❷ 吹く |

▶ ブローした髪に痛打の風が吹く。

| 0514 | **gift** | /gíft/ | ❶ 贈り物 ❷ 才能 |

▶ ギフト用の贈り物を選ぶ才能。

| 0515 | **ancient** | /éinʃənt/ | ❶ 古代の |

▶ ええ医者、うんといた古代のローマ。

| 0516 | **lay** | /léi/ | ❶ 横たえる |

▶ 例のものを横たえる。

| 0517 | **mix** | /míks/ | ❶ 混ぜる |

▶ ミックスジュースはいろいろ混ぜる。

| 0518 | **campaign** | /kæmpéin/ | ❶ (社会的)運動 |

▶ キャンペーンを盛り上げて社会的運動に。

| 0519 | **comfortable** | /kʌ́mfətəbl/ | ❶ 快い |

▶ 缶ホット、多忙な人には快い。

| 0520 | **track** | /trǽk/ | ❶ 小道 ❷ 通った跡 |

▶ トラックが小道を通った跡。

[0516] layer（層） [0517] mixture（混合）

0521 source /sɔ́ːrs/ ❶ 源

▶ ソースの源は野菜。

0522 trade /tréid/ ❶ 取引

▶ トレードで選手を取引。

| 0523 | **symbol** | /símbəl/ | ❶ 象徴 |

▶ シンボルマークは我が社の象徴。

| 0524 | **restaurant** | /réstərənt/ | ❶ 食堂 |

▶ レストランとは洋風の食堂。

| 0525 | **shut** | /ʃʌ́t/ | ❶ 閉める |

▶ シャッと閉める。

| 0526 | **escape** | /eskéip/ | ❶ 逃げる |

▶ 英介、1分で逃げる。

| 0527 | **describe** | /diskráib/ | ❶ 描写する |

▶ ディスク、ライブの様子を描写する。

| 0528 | **separate** | /sépərèit/ | ❶ 別々の ❷ 分ける |

▶ セパレートコースは別々のレーンに分ける。

| 0529 | **surface** | /sə́ːrfəs/ | ❶ 表面 |

▶ サーフィンするのは海の表面。

| 0530 | **capital** | /kǽpətəl/ | ❶ 首都 ❷ 資本 |

▶ キャピタルシティーの首都に集まる資本。

0527 description(描写)   0530 capitalism(資本主義)

0531 **angry** /ǽŋgri/ ❶ 怒った

▶「餡栗(アングリ)」に栗なく怒った客。

0532 **private** /práivət/ ❶ 私的な

▶ プライベートの私的な時間。

0533 brain /bréin/ ❶ 頭脳
▶ ブレーンとなる頭脳集団。

0534 publish /pʌ́bliʃ/ ❶ 出版する
▶ パブ、「利、一瞬で稼ぐ本」を出版する。

0535 term /tɔ́ːrm/ ❶ 専門用語 ❷ 期間
▶ 「タムシ」が専門用語だった期間。

0536 involve /inváIv/ ❶ 巻き込む
▶ 陰謀、うぶな子を巻き込む。

0537 political /pəlítikl/ ❶ 政治的な
▶ ポリって軽く政治的な圧力で動く。

0538 band /bǽnd/ ❶ 一隊 ❷ ひも
▶ バンドは一隊をつなぐひも。

0539 theory /θíəri/ ❶ 理論
▶ 詩織を理論でくどく。

0540 link /líŋk/ ❶ 連結 ❷ つなぐ
▶ 輪郭を連結してつなぐ。

0532 privacy（私生活） 0535 terminal（終点）

0541 labor /léibər/ ❶ 労働

▶ <u>礼</u>、<u>婆</u>さんに労働で返す。

0542 balance /bæləns/ ❶ 釣り合い

▶ <u>バランス</u>よく釣り合いを取る。

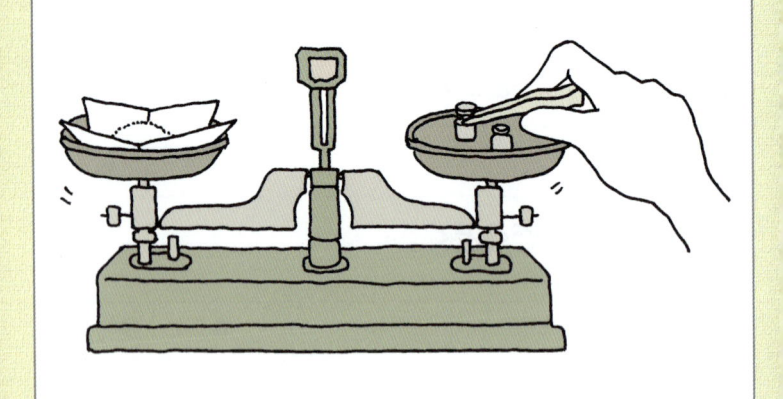

0543 forever /fərévər/ ❶ 永久に
▶ 帆(ホ)、売(ウ)れば永久に船は出せない。

0544 print /prínt/ ❶ 印刷する
▶ プリントを印刷する。

0545 luck /lÁk/ ❶ 運
▶ 楽(ラク)して合格！運がいい！　※運 うん → luck

0546 style /stáil/ ❶ やり方
▶ スタイルよく見えるやり方。

0547 disappear /dìsəpíər/ ❶ 見えなくなる
▶ 辞(ジ)す、安否(アンピ)は知れず姿も見えなくなる。

0548 remove /rimúːv/ ❶ 除去する
▶ リムーバーで汚れを除去する。

0549 announce /ənáuns/ ❶ 発表する
▶ アナウンス部が発表する。

0550 tax /tǽks/ ❶ 税金
▶ たくさん払う税金。

0546 stylish（かっこいい）　0548 removal（除去）

0551 twice /twáis/ ❶ 2度

▶ <u>ツーアイス</u>！と2度言う。

0552 tape /téip/ ❶ 録画する

▶ <u>テープ</u>を切る瞬間を録画する。

| 0553 | **original** | /ərídʒənəl/ | ❶ 元の ❷ 独創的な |

▶ オリジナルを見て元の 独創的な形に戻す。

| 0554 | **collect** | /kəlékt/ | ❶ 集める |

▶ これ苦闘(クトウ)して集める。

| 0555 | **fit** | /fít/ | ❶ 合う ❷ 発作 |

▶ 人(ヒト)に合う運動が発作を防ぐ。

| 0556 | **policy** | /pɑ́ləsi/ | ❶ 政策 |

▶ ポリシーのない政策。

| 0557 | **admit** | /ədmít/ | ❶ 認める |

▶ アドみっともないと認める。

| 0558 | **highly** | /háili/ | ❶ 高く |

▶ ハイ、リー！と手を高く上げる。

| 0559 | **empty** | /émpti/ | ❶ 空の |

▶ 縁(エン)、プチッ！と切れて空の部屋。

| 0560 | **further** | /fə́ːrðər/ | ❶ さらに |

▶ 風雨(フウウ)はザーザーとさらに激しく。

0553 originality（独創性） 0557 admission（認めること）

0561 author /ɔ́ːθər/ ❶ 著者

▶ 多(オオ)さが自慢の著者。

0562 found /fáund/ ❶ 設立する

▶ ファン同(ドウ)士でクラブを設立する。

| 0563 | **battle** | /bǽtl/ | ❶ 戦い |

▶ バッと折る戦い。

| 0564 | **fat** | /fǽt/ | ❶ 太った ❷ 脂肪 |

▶ ふわっと太った人は脂肪が多い。

| 0565 | **leaf** | /líːf/ | ❶ 葉 |

▶ リーフパイは葉の形。

| 0566 | **repeat** | /ripíːt/ | ❶ 繰り返す |

▶ リピート機能で繰り返す。

| 0567 | **prefer** | /prifə́ːr/ | ❶ ～の方を好む |

▶ プリ、ふわっとした髪で写る方を好む。

| 0568 | **sweet** | /swíːt/ | ❶ 甘い |

▶ スイートな甘い香り。

| 0569 | **youth** | /júːθ/ | ❶ 青年 ❷ 若さ |

▶ 有す、青年の若さ。

| 0570 | **per** | /pə́ːr/ | ❶ ～につき |

▶ パーにつき0点。

0562 foundation（形成） 0567 preferable（より好ましい）

0571 fan /fǽn/
❶ 扇 ❷ あおぐ

▶ **ファン**が扇であおぐ。

0572 request /rikwést/
❶ 頼む

▶ **リクエスト**曲を頼む。

| 0573 | **background** | /bǽkgràund/ | ❶ 背景 |

▶ バック、グランドが舞台の背景。

| 0574 | **cheap** | /tʃíːp/ | ❶ 安い |

▶ 陳腐(チンプ)な安い家。

| 0575 | **advantage** | /ədvǽntidʒ/ | ❶ 利点 |

▶ 後番(アトバン)、定時(テイジ)出社でない利点。

| 0576 | **knock** | /nɔ́k/ | ❶ たたく |

▶ ノックは3回たたく。

| 0577 | **title** | /táitl/ | ❶ 権利 ❷ 表題 |

▶ 「鯛捕(タイト)る権利」が表題。

| 0578 | **solve** | /sɔ́lv/ | ❶ 解決する |

▶ 剃(ソ)る部分の肌荒れを解決する。

| 0579 | **apart** | /əpáːrt/ | ❶ 離れて ❷ ばらばらに |

▶ アパート離れて ばらばらに暮らす。

| 0580 | **circle** | /sə́ːrkl/ | ❶ 仲間 ❷ 輪 |

▶ サークル仲間の輪を広げる。

0578 solution（解決）　0580 circulate（循環する）

0581 lock /lɑ́k/ ❶ 錠をかける

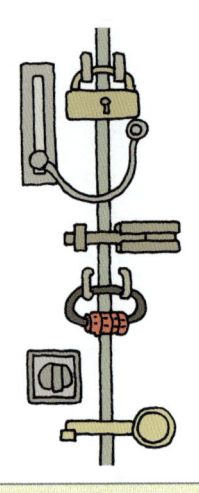

▶ <u>6コ</u>錠をかける。

0582 nearby /níərbái/ ❶ 近くの

▶ <u>荷</u>やばい！近くのトラック。

| 0583 | **data** /déitə/ | ❶ 資料 |

▶ データの多い資料。

| 0584 | **net** /nét/ | ❶ 網 ❷ 正味の |

▶ ネットで網の正味の値段を調べる。

| 0585 | **communicate** /kəmjúːnəkèit/ | ❶ 伝える |

▶ 神(カミ)に「行けい！」と伝える。

| 0586 | **hero** /híːrou/ | ❶ 英雄 |

▶ 疲労(ヒロウ)がたまった英雄。

| 0587 | **dish** /díʃ/ | ❶ 大皿 ❷ 料理 |

▶ 実習(ジッシュウ)で作った大皿の料理。

| 0588 | **coat** /kóut/ | ❶ 塗装 ❷ 外套 |

▶ 高騰(コウトウ)する塗装した外套。

| 0589 | **stair** /stéər/ | ❶ 階段 |

▶ 捨(ス)てやぁ、通れない階段。

| 0590 | **besides** /bisáidz/ | ❶ 〜の他に |

▶ B(ビー)サイズの他にもある。

0586 heroine（女傑） 0588 coating（上塗り）

0591 gentle /dʒéntl/ ❶ 優しい

▶ <u>ジェントル</u>マンは優しい。

0592 huge /hjúːdʒ/ ❶ 巨大な

▶ <u>ヒュー</u>！自慢の巨大な像。

0593 standard /stǽndərd/ ❶ 基準
▶ スター運だ！どうも基準はないらしい。

0594 plate /pléit/ ❶ 平皿
▶ プレートに平皿を載せる。

0595 host /hóust/ ❶ 主人 ❷ 主催者
▶ ホスト役の主人が今日の主催者。

0596 community /kəmjúːnəti/ ❶ 地域社会
▶ 神にて、地域社会に入れない。

0597 western /wéstərn/ ❶ 西部の
▶ ウェスタンは西部の劇。

0598 sort /sɔ́ːrt/ ❶ 種類 ❷ 分類する
▶ 相当の種類を分類する。

0599 relation /riléiʃən/ ❶ 関係
▶ リレー、しょんぼりは負けと関係。

0600 secret /síːkrət/ ❶ 秘密
▶ 飼育列島の秘密。

0599 relationship（関係）　0600 secretly（こっそりと）

派生語の作り方
接尾辞② 名詞(2)

(9) 動詞・形容詞に -th をつけると、抽象名詞になる
- ☐ tru**th** 真実
- ☐ dea**th** 死
- ☐ wid**th** 広さ
- ☐ streng**th** 強さ

(10) 動詞に -ure をつけると、「動作・状態・結果」を表す名詞になる
- ☐ fail**ure** 失敗
- ☐ pleas**ure** 楽しいこと
- ☐ press**ure** 圧力
- ☐ creat**ure** 生き物

(11) -(i)ty をつけると、「状態・性質・程度」を表す抽象名詞になる
- ☐ abil**ity** 能力
- ☐ human**ity** 人間性
- ☐ necess**ity** 必要
- ☐ similar**ity** 類似

(12) -al、-y をつけると、「性質・状態・行為」の意味の名詞になる
- ☐ arriv**al** 到着
- ☐ difficult**y** 困難
- ☐ surviv**al** 生き残り
- ☐ certaint**y** 確実性

(13) -ance、-ence をつけると、「性質・行為」を表す抽象名詞になる
- ☐ perform**ance** 実行すること
- ☐ entr**ance** 入場
- ☐ confid**ence** 自信
- ☐ differ**ence** 違い

(14) 動詞・名詞に -age をつけて、「集合・地位・状態・行為」の名詞にする
- ☐ marri**age** 結婚
- ☐ bond**age** 束縛

(15) 名詞・形容詞に -ship をつけて、「状態・身分・技量」の抽象名詞にする
- ☐ friend**ship** 友情
- ☐ relation**ship** 関係

(16) 形容詞に -dom をつけると、「〜の状態」を表す名詞になる
- ☐ free**dom** 自由
- ☐ star**dom** スターの地位

(17) -hood をつけると、「時期・性質・状態・集団」を表す名詞になる
- ☐ child**hood** 子供のころ
- ☐ neighbor**hood** 近所

(18) 動詞に -ing をつけると、「〜すること」の意味の名詞になる
- ☐ clean**ing** 清掃
- ☐ feel**ing** 感覚
- ☐ land**ing** 着陸
- ☐ open**ing** 開幕
- ☐ sett**ing** 据えつけ
- ☐ hold**ing** 保有

ROUND 3

300 WORDS

【頻出度】
★★★★

【学習日】

0601 thin /θín/ ❶ 薄い

▶ 新聞は薄い。

0602 contact /kɑ́ntækt/ ❶ 接触

▶ コンタクトは目に接触。

0603 task /tǽsk/ ❶ 仕事

▶ 他(タ)救(スク)う仕事。

0604 stress /strés/ ❶ 緊張 ❷ 強調する

▶ ストレスが緊張を強調する。

0605 strike /stráik/ ❶ 打つ

▶ ストライクの球を打つ。

0606 scene /síːn/ ❶ 現場

▶ し〜んとした現場。

0607 branch /brǽːntʃ/ ❶ 枝

▶ ぶらぁ〜ん。宙(チュウ)に折れた枝。

0608 attend /əténd/ ❶ 出席する

▶ あっ、天童(テンドウ)さんも出席する。

0609 flight /fláit/ ❶ 飛行便

▶ フライト時刻の遅れた飛行便。

0610 factor /fǽktər/ ❶ 要因

▶「はぁ、食(ク)ったぁ〜！」は太る要因。

0606 scenery（風景） 0608 attendant（付添い）

0611 respond /rispɑ́:nd/ ❶ 反応する

▶ リス、パン、ドーナツに反応する。

0612 trust /trʌ́st/ ❶ 信頼する

▶ 「取らす」と言った先生を信頼する。

0613 abroad /əbrɔ́ːd/ ❶ 海外へ
▶ あ、ブロードバンドが海外へ。

0614 settle /sétl/ ❶ 落ち着く
▶ 競(セ)っとると落ち着くことはない。

0615 metal /métəl/ ❶ 金属
▶ メタルフレームは金属の枠。

0616 region /ríːdʒən/ ❶ 地方
▶ 利潤(リ ジュン)のない地方。

0617 burn /bə́ːrn/ ❶ 燃える
▶ 晩(バン)に裏の小屋が燃える。 ※裏 うら → burn

0618 expensive /ikspénsiv/ ❶ 高価な
▶ 行(イ)く、スペイン？ 渋(シブ)るのは高価な旅だから？

0619 partner /páːrtnər/ ❶ 仲間
▶ パートナーは気の合う仲間。

0620 dollar /dáːlər/ ❶ ドル
▶ ダラダラ使うドル。

0611 respondent (応答者) 0618 expense (支出)

0621 tip /típ/
❶ 先端

▶ <u>血</u>(チ)、プッと吹き出す、とがった先端。

0622 mail /méil/
❶ 郵便

▶ <u>メール</u>より愛のある郵便。 ※愛 <u>あい</u> → mail

0623 rare /réər/ ❶ 稀な
▶ レアで注文する稀（マレ）な人。

0624 series /síəriːz/ ❶ 連続
▶ シリーズ戦は試合が連続。

0625 range /réindʒ/ ❶ 範囲
▶ レンジで温められる範囲。

0626 grass /grǽs/ ❶ 草
▶ グラスの中で育てる草。

0627 alive /əláiv/ ❶ 生きている
▶ あら、イブも生きているのね。

0628 focus /fóukəs/ ❶ 焦点
▶ ほぉ、カスにも焦点当てるとは。

0629 neighbor /néibər/ ❶ 隣人
▶ 姉（ネエ）、婆（バア）が隣人。

0630 sheet /ʃíːt/ ❶ 1枚 ❷ シーツ
▶ しぃーっ！と1枚のシーツの下。

0622 mailman（郵便集配人） 0623 rarely（稀に）

0631 bow /báu, bóu/
❶ お辞儀する ❷ 弓

▶ 婆、お辞儀すると、杖の棒が弓なりになる。

0632 prevent /privént/
❶ 防ぐ

▶ プリッ！弁当のエビが跳ねるのを防ぐ。

0633 slip /slíp/ ❶ すべる
▶ スリップ事故ですべる。

0634 wet /wét/ ❶ 濡れた
▶ 上(ウェ)と下が濡れた。

0635 prize /práiz/ ❶ 賞 ❷ 賞品
▶ プラ、いずれの賞でも賞品。

0636 professor /prəfésər/ ❶ 教授
▶ プロフェッサー！と教授を呼ぶ。

0637 magic /mǽdʒik/ ❶ 魔法
▶ マジックと魔法は違う。

0638 wedding /wédiŋ/ ❶ 結婚式
▶ ウェディング会場で結婚式。

0639 stick /stík/ ❶ 突く ❷ くっつく ❸ 棒
▶ ステキ！突くとくっつく 棒。

0640 generation /dʒènəréiʃən/ ❶ 世代
▶ 爺(ジィ)、寝(ネ)れん、ション便に行く世代。

0637 magical（魔法の）　0640 generate（発生させる）

0641 path /pǽθ/
❶ 小道

▶ パスしよう、夜の小道。

0642 rush /rʌ́ʃ/
❶ 殺到する

▶ ラッシュアワーは客が殺到する。

0643 magazine /mǽgəzìːn/ ❶ 雑誌
▶『マガジン』は少年雑誌。

0644 journey /dʒə́ːrni/ ❶ 旅
▶じゃあにぃ〜！と言って旅に出る。

0645 ideal /aidíːəl/ ❶ 理想的な
▶IDあるのが理想的な社会。

0646 reflect /riflékt/ ❶ 反射する
▶リフレ、くっと押すと反射する。

0647 beauty /bjúːti/ ❶ 美しさ
▶美容ティーで保つ美しさ。

0648 site /sáit/ ❶ 敷地
▶斉藤さんの敷地。

0649 enemy /énəmi/ ❶ 敵
▶江波は敵が多い。

0650 seek /síːk/ ❶ 捜し求める
▶飼育するトキを捜し求める。

[0645] idealism（理想主義） [0646] reflection（反射）

0651 narrow /nǽrou/ ❶ 狭い

▶ なっ、廊下狭いだろ。

0652 tiny /táini/ ❶ ちっぽけな

▶ タイにいるちっぽけな鯛。

0653 fashion /fǽʃən/
❶ 流行 ❷ やり方

▶ ファッションは流行のやり方で。

0654 ocean /óuʃən/
❶ 大洋

▶ おぉ、シャンデリアのように輝く大洋。

0655 broad /brɔ́ːd/
❶ (幅)広い

▶ ブロードバンドは幅の広い線で。

0656 sudden /sʌ́dn/
❶ 突然の

▶ 佐渡(サド)、運(ウン)よく突然の金発見。

0657 clever /klévər/
❶ 利口な

▶ 暮(ク)ればかり買い物する利口な主婦。

0658 greatly /gréitli/
❶ 大いに

▶ GLAY(グレイ)、トリで大いに歌う。

0659 port /pɔ́ːrt/
❶ 港

▶ ぽぉ〜っと港をながめる。

0660 toy /tɔ́i/
❶ おもちゃ

▶ 遠(トオ)いおもちゃ屋。

0653 fashionable（流行の） 0655 breadth（幅）

0661 desire /dizáiər/ ❶ (強く)望む

▶ デザイン嫌(イヤ)と変更を強く望む。

0662 hurry /hə́ːri/ ❶ 急ぐ

▶ ハリー急ぐ。

0663 pack /pǽk/ ❶ 包み
▶ パックリと開いた包み。

0664 wake /wéik/ ❶ 目を覚ます
▶ ウェイ上行く春に目を覚ます。

0665 apply /əplái/ ❶ 適用する
▶ アップルはいろいろな料理に適用する。

0666 photograph /fóutəgræf/ ❶ 写真
▶ フォトグラファーが撮った写真。

0667 friendly /fréndli/ ❶ 親しい
▶ フレンドリーな友達と親しい。

0668 succeed /səksíːd/ ❶ 継承する ❷ 成功する
▶ 昨サクシード校の戦術を継承すると成功する。

0669 victory /víktəri/ ❶ 勝利
▶ ビックトゥリー3に勝利。

0670 flow /flóu/ ❶ 流れる
▶ 浮フロウ者が街に流れる。

0663 package（包み） 0665 application（適用）

0671 thick /θík/
❶ 厚い

▶ 四苦八苦(シク)する厚いステーキ。

0672 rank /rǽŋk/
❶ 地位　❷ 並べる

▶ ランク順に地位を並べる。

0673 regular /réɡjələr/ ❶ 規則正しい ❷ 正式の
▶ レギュラーは規則正しい、正式の練習を。

0674 union /júːnjən/ ❶ 組合 ❷ 団結
▶ ユニー、イオンの組合が団結。

0675 theater /θíːətər/ ❶ 劇場
▶ 市(シ)、新しく(アタラ)作った劇場。

0676 engine /éndʒən/ ❶ エンジン
▶ 円陣(エンジン)組んでエンジンの実験。

0677 bite /báit/ ❶ 噛む
▶ バイトが店長を噛む。

0678 planet /plǽnət/ ❶ 惑星
▶ プラネタリウムで惑星の勉強。

0679 tour /túər/ ❶ 旅行
▶ ツアーで行く旅行。

0680 row /róu/ ❶ 列 ❷ 舟をこぐ
▶ 老人(ロウ)が列をなして舟をこぐ。

0676 engineer（技師） 0679 tourist（旅行者）

0681 excited /iksáitid/

❶ 興奮した

▶ 戦(イクサ)、痛(イテ)えども興奮した。

0682 shine /ʃáin/

❶ 輝く

▶ 社員(シャイン)の目が輝く。

0683 rival /ráivəl/ ❶ 好敵手

▶ ライバルは好敵手。

0684 arrange /əréindʒ/ ❶ 整える

▶ アレンジ用の飾りを整える。

0685 sink /síŋk/ ❶ 沈む

▶ 真空(シンクウ)の土地は沈む。

0686 vote /vóut/ ❶ 投票する

▶ ぼぅ〜と投票する。

0687 glove /gláv/ ❶ 手袋

▶ ぐらっ、ぶかぶかの手袋。

0688 drug /drág/ ❶ 薬

▶ 道楽(ドウラク)息子が薬におぼれる。

0689 maintain /meintéin/ ❶ 維持する

▶ 免停(メンテイ)中も車を維持する。

0690 shoot /ʃúːt/ ❶ 撃つ

▶ シュートを撃つ。

[0689] maintenance(維持)　[0690] shot(発射)

0691 release /rilíːs/ ❶ 放つ

▶ リリー、すぐに釣った魚を放す。

0692 regard /rigáːrd/ ❶ ～とみなす

▶ 李、ガード甘いとみなす。

0693 cell /sél/ ❶ 細胞
▶ 競(セ)る成長細胞。

0694 roll /róul/ ❶ 転がす
▶ ロールキャベツを転がす。

0695 direct /dairékt/ ❶ 直接の ❷ 指導する
▶ ダイレクトに直接の指導する。

0696 edge /édʒ/ ❶ 刃 ❷ 縁
▶ エジソンが刃で縁(フチ)を切る。

0697 phrase /fréiz/ ❶ 句 ❷ 言い回し
▶ 布令(フレイ)、ずいぶん長い句の言い回し。

0698 growth /gróuθ/ ❶ 成長
▶ グロ過(ス)ぎるほど成長したキノコ。

0699 extra /ékstrə/ ❶ 余分な
▶ エキストラは余分な出演者。

0700 handle /hǽndl/ ❶ 扱う
▶ ハンドルを上手に扱う。

0692 regarding（〜に関しては） 0695 direction（指揮）

0701 nod /nɔ́d/
❶ うなずく

▶ <u>のど越</u>し爽やかでうなずく。

0702 unique /juníːk/
❶ 唯一の

▶ <u>ユニーク</u>な唯一のデザイン。

| 0703 satisfy /sǽtəsfài/ | ❶ 満足させる |

▶ サ店、数杯で客を満足させる。

| 0704 bomb /bɔ́m/ | ❶ 爆弾 |

▶ ボンボン落とす爆弾。

| 0705 safety /séifti/ | ❶ 安全 |

▶ セーフティネットで安全を確保。

| 0706 refer /rifə́ːr/ | ❶ 言及する |

▶ 「リーフは…」と葉について言及する。

| 0707 screen /skríːn/ | ❶ 画面 |

▶ スクリーン画面。

| 0708 equal /íːkwəl/ | ❶ 等しい |

▶ 胃凍るのは死ぬに等しい。

| 0709 chemical /kémikəl/ | ❶ 化学の |

▶ 毛見っかる化学の薬品。

| 0710 citizen /sítizn/ | ❶ 市民 |

▶ 湿地ずんずん沈み困る市民。

0708 equality（平等）　0709 chemistry（化学）

0711 climate /kláimət/ ❶ 気候

▶ 暗いめとは気候(クラ)のせい?

0712 supper /sápər/ ❶ 夕食

▶ さっぱりした夕食。

| 0713 | **universe** | /júːnəvɜ̀ːrs/ | ❶ 宇宙 |

▶ ユニットバスが使える宇宙。

| 0714 | **silent** | /sáilənt/ | ❶ 静かな |

▶ サイレン止まり静かな街。

| 0715 | **square** | /skwéər/ | ❶ 正方形 |

▶ すくえや！正方形の網で。

| 0716 | **absence** | /ǽbsəns/ | ❶ 欠席 |

▶ あ、ブス先生（センセイ）が欠席。

| 0717 | **insist** | /insíst/ | ❶ 主張する |

▶ 印紙（インシ）、ストで売れないと主張する。

| 0718 | **tooth** | /túːθ/ | ❶ 歯 |

▶ ツー、スーと歯の掃除。

| 0719 | **benefit** | /bénəfit/ | ❶ 利益 |

▶ 紅（ベニ）、ヒットして出た利益。

| 0720 | **joy** | /dʒɔ́i/ | ❶ 喜び |

▶ 上位（ジョウイ）躍進の喜び。

0713 universal（全世界の） 0716 absent（欠席して）

0721 fuel /fjúːəl/ ❶ 燃料

▶ 増える燃料代。

0722 audience /ɔ́ːdiəns/ ❶ 聴衆

▶ 王子演奏、聴衆感動。

| 0723 | **junior** | /dʒúːnjər/ | ❶ 年下の |

▶ 10人(ジュウ ニン)は年下の人がいる。

| 0724 | **eastern** | /íːstərn/ | ❶ 東の |

▶ いいスター、うんといる東の街。

| 0725 | **sail** | /séil/ | ❶ 帆　❷ 航海する |

▶ セールで買った帆で航海する。

| 0726 | **hole** | /hóul/ | ❶ 穴 |

▶ 掘(ホ)る穴。

| 0727 | **museum** | /mjuːzíəm/ | ❶ 博物館 |

▶ 見(ミ)よう、爺(ジィ)編(ア)む姿を博物館で。

| 0728 | **topic** | /tápik/ | ❶ 話題 |

▶ 戸(ト)、ピクピク動くと話題。

| 0729 | **struggle** | /strʌ́gl/ | ❶ 苦闘 |

▶ 数虎(スウトラ)、グルグル苦闘してバターになる。

| 0730 | **unit** | /júːnit/ | ❶ 単位 |

▶ ユニットは3人単位。

0724 east（東）　0725 sailor（船員）

0731 detail /dítéil/

❶ 細部

▶ 出(デ)ている細部まで。

0732 risk /rísk/

❶ 危険

▶ リスクを冒す危険。

| 0733 | **desert** | /dézərt, dizə́:rt/ | ❶ 砂漠 ❷ 見捨てる |

▶ デザートを砂漠に見捨てる。

| 0734 | **soul** | /sóul/ | ❶ 魂 ❷ 精神 |

▶ ソウル魂は韓国精神。

| 0735 | **musician** | /mjuzíʃən/ | ❶ 音楽家 |

▶ 苗字「シャン」という音楽家。

| 0736 | **feature** | /fíːtʃər/ | ❶ 特徴 |

▶ ひいちゃったカゼの特徴。

| 0737 | **atmosphere** | /ǽtməsfìər/ | ❶ 大気 |

▶ 後、燃す火は大気を汚染。

| 0738 | **aim** | /éim/ | ❶ 狙う |

▶ 「えいっ！」向こうの的を狙う。

| 0739 | **tool** | /túːl/ | ❶ 道具 |

▶ 釣る道具。

| 0740 | **honor** | /ɔ́nə/ | ❶ 名誉 |

▶ オーナーは名誉なこと。

0732 risky（危険な）　0735 musical（音楽の）

0741 borrow /bɔ́rou/ ❶ 借りる

▶ ボロ車を借りる。

0742 honest /ɔ́nist/ ❶ 正直な

▶ お姉ぇ、すっと答えるとは正直な。

0743 valley /vǽli/ ❶ 谷

▶ バリの谷。

0744 operate /ɔ́pərèit/ ❶ 操作する

▶ オペ、冷凍機を操作する。

0745 gradually /grǽdʒuəli/ ❶ 徐々に

▶ グ〜、ラジオありだと徐々に眠くなる。

0746 tone /tóun/ ❶ 音 ❷ 調子

▶ とんでもない音に調子を合わせる。

0747 angle /ǽŋgl/ ❶ 角度

▶ 暗号は角度を変えて読む。

0748 complex /kəmpléks/ ❶ 複雑な

▶ コンプレックスある人の複雑な心境。

0749 route /rúːt/ ❶ 道筋

▶ ルートを確認し、最短の道筋で。

0750 factory /fǽktəri/ ❶ 工場

▶ 不惑！鳥井さんは工場勤務。

0742 honesty（正直） 0744 operation（操作）

0751 determine /ditə́ːrmən/ ❶ 決定する

▶ <u>出</u>たみんなで<u>決定する</u>。

0752 willing /wíliŋ/ ❶ ～するのをいとわない

▶ <u>飢</u>え、リンゴあげる<u>のをいとわない</u>。

| 0753 | **guard** | /gáːrd/ | ❶ 守る |

▶ ガードを固めて守る。

| 0754 | **habit** | /hǽbit/ | ❶ 習慣 |

▶ 歯、微糖でも磨く習慣。

| 0755 | **northern** | /nɔ́ːrðərn/ | ❶ 北の |

▶ ノー残業の北の国。

| 0756 | **cigarette** | /sígərèt/ | ❶ (紙巻き)タバコ |

▶ 市が劣等タバコを販売。

| 0757 | **code** | /kóud/ | ❶ 規約 ❷ 暗号 |

▶ 行動規約は暗号で。

| 0758 | **wealth** | /wélθ/ | ❶ 財産 |

▶ 植えるっす、財産のなる木。

| 0759 | **fault** | /fɔ́ːlt/ | ❶ 欠点 |

▶ 放るとは欠点があるから。

| 0760 | **shortly** | /ʃɔ́rtli/ | ❶ まもなく |

▶ 塩取り、まもなく立ち合い。

0752 willingly（進んで）　0758 wealthy（豊かな）

0761 talent /tǽlənt/ ❶ 才能

▶ タレントには才能が必要。

0762 pale /péil/ ❶ (顔色が)青白い

▶ いっぺぇいる、顔の青白い人。

0763 boss /bɔ́ːs/ ❶ 親方
▶「ボス！」と親方を呼ぶ。

0764 passage /pǽsidʒ/ ❶ 通路
▶パス、意地(イジ)でも上達しようと通路で練習。

0765 latter /lǽtər/ ❶ 後半の
▶"ラ"とはドレミの後半の音。

0766 helpful /hélpfl/ ❶ 役に立つ
▶ヘルプ、フル活用で役に立つ。

0767 tank /tǽŋk/ ❶ 戦車
▶タンクの水で戦車を洗う。

0768 greet /gríːt/ ❶ 挨拶する
▶グリとグラに挨拶する。

0769 grant /grǽnt/ ❶ 許可する
▶グー、乱闘(ラントウ)で使うのを許可する。

0770 mathematics /mæ̀θəmǽtiks/ ❶ 数学
▶増(マ)すマッチ！くそ難しい数学。

0761 talented（才能に恵まれた）　0764 pass（通る）

0771 **arrival** /əráivəl/ ❶ 到着

▶ あ、ライバルが到着。

0772 **clothing** /klóuðiŋ/ ❶ 衣類

▶ 苦、老人が衣類の片づけ。

| 0773 article | /áːrtikl/ | ❶ 品物 ❷ 記事 |

▶ あ〜、ちっこい品物の記事。

| 0774 storm | /stɔ́ːrm/ | ❶ 嵐 |

▶ スト無理な嵐。

| 0775 asleep | /əslíːp/ | ❶ 眠って |

▶ あ、スリップ事故！眠ってたな。

| 0776 childhood | /tʃáildhùd/ | ❶ 子供時代 |

▶ チャイルドフード食べた子供時代。

| 0777 paragraph | /pǽrəgræ̀f/ | ❶ 段落 |

▶ ぱらっ、グラフが段落に1つ。

| 0778 journalist | /dʒə́ːrnəlist/ | ❶ 報道記者 |

▶ ジャーナリストは報道記者。

| 0779 principal | /prínsəpl/ | ❶ 主要な |

▶ プリン、札幌(サッポロ)が主要な産地。

| 0780 fond | /fɑ́nd/ | ❶ 好きで |

▶ 本土(ホンド)に好きで行く。

0776 childish（子供じみた）　0778 journal（新聞）

0781 dig /díg/ ❶ 掘る

▶ ジグザグに掘る。

0782 native /néitiv/ ❶ 出生地の

▶ ネイティブが話す出生地の言葉。

0783 stock /stɔ́k/ ❶ 在庫 ❷ 株
▶ ストックしてある在庫 株。

0784 drag /drǽg/ ❶ 引きずる
▶ ドラッグストアで万引き犯を引きずる。

0785 poison /pɔ́izn/ ❶ 毒薬を入れる
▶ ポイッ！寸胴(ズンドウ)に毒薬を入れる。

0786 bush /búʃ/ ❶ 低木 ❷ 茂み
▶ ブッシュ家の周りは低木の茂み。

0787 bark /báːrk/ ❶ 吠える
▶ バクバク食べては吠(ホ)える犬。

0788 log /lɔ́g/ ❶ 丸太
▶ ログハウスに使う丸太。

0789 mood /múːd/ ❶ 雰囲気 ❷ 気分
▶ ムードある雰囲気の店でいい気分。

0790 volume /vɔ́ljuːm/ ❶ 大量 ❷ 冊
▶ 暴利(ボウリ)生む、大量の冊数の本。

[0785] poisonous（有毒な）　[0789] moody（気まぐれな）

0791 neat /níːt/
❶ きちんとした ❷ 小ぎれいな

▶ <u>ニート</u>でも**きちんとした 小ぎれいな**人。

0792 instant /ínstənt/
❶ 即席

▶ <u>インスタント</u>の**即席**ラーメン。

これなら失敗しないよ!!

| 0793 | **pitch** /pítʃ/ | ❶ 調子 ❷ 投げる |

▶ ピッチャーが調子よく投げる。

| 0794 | **prison** /prízn/ | ❶ 刑務所 |

▶ プリ、存分に撮れる刑務所。

| 0795 | **bond** /bónd/ | ❶ きずな |

▶ ボンドでくっつけるきずな。

| 0796 | **duty** /djúːti/ | ❶ 義務 |

▶ 十一ある義務。

| 0797 | **murder** /məːrdər/ | ❶ 殺人 |

▶ まぁーだまだ減らない殺人。

| 0798 | **sum** /sʌ́m/ | ❶ 合計 |

▶ サムが使った合計。

| 0799 | **happiness** /hǽpinəs/ | ❶ 幸せ |

▶ ハッピーね！すごく幸せ！

| 0800 | **cycle** /sáikl/ | ❶ 周期 ❷ 自転車 |

▶ 最高！週一周期で楽しむ自転車。

0794 prisoner（囚人） 0798 summary（要約）

0801 rescue /réskju:/

❶ 救出する

▶ レスキュー隊が救出する。

0802 minor /máinər/

❶ 小さい方の

▶ ま、いいな。小さい方ので。

ROUND 3 ● No.0801-0810

0803 shell /ʃél/ ❶ 貝 ❷ 殻
▶ シェル石油のマークは貝の殻。

0804 nest /nést/ ❶ 巣
▶ ねえ、巣(ス)取(ト)って！

0805 seal /síːl/ ❶ 封印する
▶ シールを貼って封印する。

0806 largely /láːrdʒli/ ❶ 主として
▶ ラージ、りんごは主としてLサイズ。

0807 bound /báund/ ❶ 弾む ❷ ～行きの
▶ バウンド弾むと外野行きのボール。

0808 visual /víʒuəl/ ❶ 視覚の
▶ 美女(ビジョ)ある程度は視覚の判断。

0809 needle /níːdl/ ❶ 針
▶ 2ドルの針。

0810 soldier /sóuldʒər/ ❶ 兵士
▶ ソウルじゃ、兵士だらけ。

[0802] minority（少数派）　[0808] visualize（視覚化する）

0811 border /bɔ́ːrdər/ ❶ 境界

▶ ボーダー服の囚人が境界を越える。

0812 assist /əsíst/ ❶ 助ける

▶ 足(アシ)すっと出して助ける。

| 0813 | **tap** | /tǽp/ | ❶ 蛇口 ❷ 軽くたたく |

▶ たっぷりの湯が、蛇口から出て肩を軽くたたく。

| 0814 | **deaf** | /déf/ | ❶ 耳が聞こえない |

▶ 出船(デフネ)の音で耳が聞こえない。

| 0815 | **kingdom** | /kíŋdəm/ | ❶ 王国 |

▶ キング、ダム王国を目指す。

| 0816 | **gap** | /gǽp/ | ❶ 裂け目 |

▶ ギャッ！プッとしたら裂け目が…。

| 0817 | **scale** | /skéil/ | ❶ 目盛り ❷ 規模 ❸ 体重計 |

▶ 透ける目盛り、規模の大きい体重計。

| 0818 | **electric** | /iléktrik/ | ❶ 電気の |

▶ エレクとリックが電気の発明。

| 0819 | **worse** | /wə́ːrs/ | ❶ もっと悪い |

▶ うわぁ〜、明日(アス)はもっと悪いかも。

| 0820 | **deck** | /dék/ | ❶ 甲板 |

▶ でくの棒が甲板にいる。

0812 assistant（助手） 0818 electronics（電子工学）

0821 soap /sóup/ ❶ 石鹸

▶ そう、プールで石鹸は禁止。

0822 pace /péis/ ❶ 歩調

▶ ペース落として歩調を合わす。

| 0823 | **priest** | /príːst/ | ❶ 聖職者 |

▶ プリ、イスとかにも貼っちゃう聖職者。

| 0824 | **seldom** | /séldəm/ | ❶ めったに〜ない |

▶ セール駄目(ダメ)！いい商品はめったにない。

| 0825 | **web** | /wéb/ | ❶ クモの巣 |

▶ ウェブサイトがクモの巣状に広がる。

| 0826 | **chapter** | /tʃǽptər/ | ❶ 章 |

▶ チャプター10とは第10章(テン)のこと。

| 0827 | **shade** | /ʃéid/ | ❶ 日陰 |

▶ 市営(シエイ)、どこのバス停も日陰がない。

| 0828 | **grand** | /grǽnd/ | ❶ 壮大な |

▶ グランドキャニオンは壮大な峡谷。

| 0829 | **ghost** | /góust/ | ❶ 幽霊 |

▶ (靴の)号数(ゴウスウ)とか分からない幽霊。

| 0830 | **wipe** | /wáip/ | ❶ ふく |

▶ わ！一風(イップウ)変わったタオルでふくんだ。

0831 feather /féðər/ ❶ 羽

▶ フェザー級の選手は羽のように軽い。

0832 civilization /sìvələzéiʃən/ ❶ 文明

▶ 市ビラ、税使用する文明社会。

0833 mud /mʌ́d/ ❶ 泥
▶ 窓(マド)に泥、うわっ！　※うわっ！→ mud

0834 female /fíːmeil/ ❶ 女性
▶ 姫(ヒメ)いる女性の学校。

0835 lord /lɔ́ːrd/ ❶ 主
▶ 労働(ロウドウ)させる主。

0836 swing /swíŋ/ ❶ 揺れる
▶ スイングで揺れる。

0837 steel /stíːl/ ❶ 鋼鉄
▶ スチール製品は鋼鉄が材料。

0838 warmth /wɔ́ːrmθ/ ❶ 暖かさ
▶ うぉ〜！蒸(ム)すほどの暖かさ。

0839 drill /dríl/ ❶ きり　❷ 穴を開ける　❸ 練習
▶ ドリルやきりで穴を開ける 練習。

0840 worldwide /wɔ́ːrldwáid/ ❶ 世界的な
▶ ワールドワイドに世界的な活躍。

[0832] civilize（文明化する）　[0833] muddy（泥だらけの）

0841 **overseas** /óuvərsíːz/ ❶ 海外へ

▶ 大場(オオバ)、明日伊豆(アスイズ)から海外へ。

0842 **alarm** /əlάːrm/ ❶ 危険を知らせる

▶ アラーム鳴らして危険を知らせる。

ROUND 3 ● No.0841-0850

0843 sentence /séntəns/
❶ ～に判決を下す ❷ 文

▶ セン点すったスリに判決を下す文。

0844 fool /fúːl/
❶ ばか者

▶ フルフルおしりはばか者のやること。

0845 mad /mǽd/
❶ 気の狂った

▶ マド窓、頭で割る気の狂った人。 ※頭 あたま → mad

0846 tale /téil/
❶ 物語

▶ テ手いる、ある物語の説明。 ※ある → tale

0847 castle /kǽsl/
❶ 城

▶ キャッ！するお城のお姫さま。

0848 frame /fréim/
❶ 骨組み ❷ 組み立てる

▶ フレームの骨組みを組み立てる。

0849 beg /bég/
❶ 乞う

▶ ベイ米軍にグン乞う基地移転。

0850 zoo /zúː/
❶ 動物園

▶ ずぅーっといたい動物園。

0844 foolish（馬鹿な） 0849 beggar（乞食）

0851 firm /fə́:rm/ ❶ 会社 ❷ 堅い

▶ <u>ハム</u><u>会社</u>の<u>堅い</u>ハム。

0852 wheel /hwíːl/ ❶ 車輪

▶ <u>冬いる</u>雪用の<u>車輪</u>。

0853 hell /hél/ ❶ 地獄
▶ 減る、地獄の苦しみ。

0854 double /dʌ́bl/ ❶ 2倍の
▶ ダブルバーガーは2倍の量。

0855 wise /wáiz/ ❶ 賢い
▶ わい、ずる賢い。

0856 owe /óu/ ❶ ～に借りがある ❷ 負っている
▶ 王(オウ)は国民に借りがあるので、責任を負っている。

0857 length /léŋkθ/ ❶ 長さ
▶ 連句(レンク)すごい長さ。

0858 chip /tʃíp/ ❶ 切れ端 ❷ 削ぐ
▶ チップにと、お札の切れ端を削ぐ。

0859 fix /fíks/ ❶ 修理する ❷ 固定する
▶ 冬(フユ)、腐(クサ)った杭を修理・固定する。

0860 remind /rimáind/ ❶ 思い出させる
▶ 利(リ)、まあいいんだと通帳が思い出させる。

0855 wisdom（知恵） 0859 fixed（据えつけの）

0861 faith /féiθ/ ❶ 信頼

▶「笛」「イス」は信頼のブランドで。

0862 float /flóut/ ❶ 浮く

▶ フロートジュースにアイスが浮く。

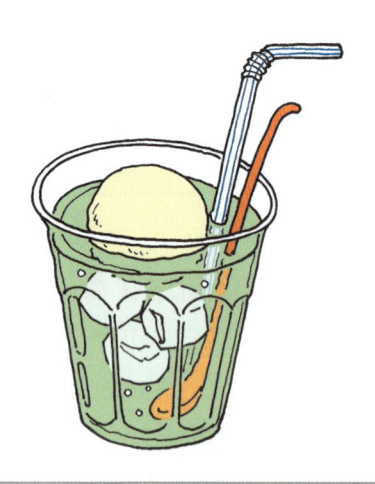

0863 fulfill /fulfíl/ ❶ 果たす

▶ フルフィールでミスコンの優勝を果たす。

0864 hungry /hʌ́ŋgri/ ❶ 飢えた

▶ 半栗（ハングリ）でしのぐ飢えた人。

0865 locate /loukéit/ ❶ 位置を突きとめる

▶ 老兄（ロウケイ）と位置を突きとめる。

0866 strategy /strǽtədʒi/ ❶ 戦略

▶ スト、裏提示（ウラテイジ）するのが戦略。

0867 insect /ínsekt/ ❶ 昆虫

▶ 院生苦闘（インセイクトウ）し昆虫採集。

0868 twist /twíst/ ❶ ねじる

▶ つい、すっと腰をねじる。

0869 responsible /rispɑ́nsəbl/ ❶ 責任がある

▶ リス「ポン！」さぼる、責任がある飼育係。

0870 darkness /dɑ́ːrknəs/ ❶ 暗さ

▶ ダークね、スーツは暗さがいいね。

0865 location（位置）　0869 responsibility（責任）

0871 **poet** /póuət/ ❶ 詩人

▶ 「ぽぇ〜」とした詩人。

0872 **fade** /féid/ ❶ 消えていく

▶ 兵ども、歳取り消えていく。

| 0873 | **pole** /póul/ | ❶ 極地 |

▶ ポールを極地に立てる。

| 0874 | **tongue** /tʌ́ŋ/ | ❶ 舌 |

▶ タン、具(グ)に舌を入れる。

| 0875 | **lane** /léin/ | ❶ 路地 ❷ 車線 |

▶ 練習(レンシュウ)は路地ではできない車線変更。

| 0876 | **string** /stríŋ/ | ❶ ひも |

▶ すっとリングにひもを張る。

| 0877 | **text** /tékst/ | ❶ 本文 |

▶ テキストの本文を読む。

| 0878 | **cave** /kéiv/ | ❶ 洞穴 |

▶ 毛深(ケブカ)い人が住む洞穴(ホラアナ)。

| 0879 | **brief** /bríːf/ | ❶ 手短な |

▶ ブリーフィングは手短な説明。

| 0880 | **monitor** /mɑ́nitə/ | ❶ 監視装置 |

▶ モニターのついた監視装置。

0871 poem (詩)　0873 polar (極の)

0881 frequent /fríːkwənt/ ❶ 度々の

▶ フリー、食(ク)えんとは度々のこと。

0882 species /spíːʃiːz/ ❶ 種

▶ スピッツ、シーズーは犬の種のこと。

| 0883 **royal** /rɔ́iəl/ | ❶ 王の |

▶ ロイヤルファミリーは王の家族。

| 0884 **blind** /bláind/ | ❶ 目の見えない |

▶ ブラインドで外から目の見えないように。

| 0885 **smart** /smáːrt/ | ❶ 利口な |

▶ スマートで利口な彼女。

| 0886 **illustrate** /íləstreit/ | ❶ 図解する |

▶ イラスト、冷凍(レイトウ)方法を図解する。

| 0887 **shelf** /ʃélf/ | ❶ 棚 |

▶ セルフサービス用の棚。

| 0888 **wire** /wáiər/ | ❶ 電線 ❷ 針金 |

▶ わっ、イヤ！電線に針金！

| 0889 **male** /méil/ | ❶ 男性 |

▶ メールあれへん男性。 ※あれ → male

| 0890 **section** /sékʃən/ | ❶ 部分 |

▶ 背(セ)、クッション当てる部分。

[0881] frequency（頻度）　[0883] royalty（著作権使用料）

| 0891 | **merchant** | /mɔ́ːrtʃənt/ | ❶ 商人 |

▶ まぁ、ちゃんとした商人。

| 0892 | **burst** | /bɔ́ːrst/ | ❶ 破裂する |

▶ バス、途中でタイヤが破裂する。

0893 countryside /kʌ́ntrisàid/
❶ 田園 ❷ 田舎

▶ 関東、リサ移動。田園のある田舎へ。

0894 tail /téil/
❶ しっぽ

▶ 手いる？ あいつのしっぽつかむのに。※あい → tail

0895 mental /méntəl/
❶ 精神的な

▶ 面たるんでるのは精神的な問題。

0896 spell /spél/
❶ つづる

▶ スペルミスに気づかずつづる。

0897 inform /infɔ́ːrm/
❶ 知らせる

▶ 犬、葬ったと知らせる。

0898 motion /móuʃən/
❶ 運動

▶ もう、ション便も出ないほどの運動。

0899 grip /gríp/
❶ 握る

▶ グリップ部分をしっかり握る。

0900 manual /mǽnjuəl/
❶ 手の

▶ マニュアルを手の中に持っている。

0895 mentality（精神状態） 0897 information（情報）

派生語の作り方
接尾辞③ 形容詞

(1) 名詞・動詞に -ful をつけると、「～に満ちた」の意味の形容詞になる
- [ ] careful　注意深い
- [ ] useful　役に立つ
- [ ] powerful　強力な
- [ ] wonderful　すばらしい

(2) 動詞・名詞に -able、-ible をつけて、「～できる」を表す形容詞にする
- [ ] believable　信用できる
- [ ] reasonable　道理に合った
- [ ] sensible　分別のある
- [ ] valuable　価値のある

(3) -ous をつけると、「～の多い」「～の特徴のある」を表す形容詞になる
- [ ] continuous　連続的な
- [ ] industrious　勤勉な

(4) 名詞に -al をつけると、「～の（性質の）」の意味の形容詞になる
- [ ] continual　断続的な
- [ ] industrial　産業の

(5) -y をつけて、「～の多い」「～がかった」の意味の形容詞にする
- [ ] cloudy　曇った
- [ ] sleepy　眠い
- [ ] funny　おかしな
- [ ] noisy　うるさい

(6) -ive をつけると、「～の傾向がある」の意味の形容詞になる
- [ ] active　活動的な
- [ ] passive　消極的な
- [ ] imaginative　想像力に富む
- [ ] sensitive　敏感な

(7) -ic、-ical をつけると、「～の」「～的な」を表す形容詞になる
- [ ] economic　経済上の
- [ ] economical　経済的な

(8) 動詞に -ant、-ent をつけると、「～性の」の形容詞になる
- [ ] important　重要な
- [ ] pleasant　楽しい
- [ ] dependent　頼っている
- [ ] urgent　緊急の

(9) 名詞に -ish をつけると、「～性の」「～じみた」を表す形容詞になる
- [ ] boyish　男の子っぽい
- [ ] childish　子供っぽい
- [ ] selfish　自己中心的な
- [ ] British　イギリスの

(10) 物質名詞に -en をつけると、「～製の」の形容詞になる
- [ ] wooden　木製の
- [ ] golden　金の

ROUND 4

300 WORDS

【頻出度】
★★★

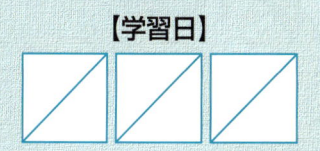

【学習日】

0901 rapid /rǽpid/ ❶ 速い

▶ ラップいい！どの選手よりも速い。

0902 calm /kάːm/ ❶ 穏やかな

▶ 噛むときは穏やかな感じに。

0903 end /énd/
❶ 終わり

▶ 遠藤、レスに終わりのない人。

0904 mine /máin/
❶ 鉱山

▶ 満員の鉱山行きエレベーター。

0905 appeal /əpíːl/
❶ 訴える

▶ アピールして反則を訴える。

0906 current /kə́ːrənt/
❶ 現在の ❷ 流れ

▶ 枯れんとは現在の流れがあるから。

0907 court /kɔ́ːrt/
❶ 法廷 ❷ 中庭

▶ コートを着て法廷の中庭へ。

0908 tough /tʌ́f/
❶ 丈夫な ❷ 厳しい

▶ タフで丈夫な厳しい人。

0909 tribe /tráib/
❶ 部族

▶ 渡来部族。

0910 furniture /fə́ːrnitʃər/
❶ 家具

▶ 麩は兄ちゃんが家具に隠した。

0903 endless（終わりのない）　0904 mineral（鉱物）

0911 quarter /kwɔ́ːrtər/ ❶ 4分の1

▶ 買うた！4分の1だけ。

0912 weapon /wépən/ ❶ 武器

▶ 飢え、ポン酢さえも武器になる。

| 0913 | **tropical** | /trɔ́pikəl/ | ❶ 熱帯の |

▶ トロピカルフルーツは熱帯の味。

| 0914 | **lean** | /líːn/ | ❶ 傾く |

▶ 隣家(リンカ)が傾く。

| 0915 | **proper** | /prɔ́pə/ | ❶ 適切な |

▶ プロ、パートに適切な指導。

| 0916 | **earn** | /ɔ́ːrn/ | ❶ 稼ぐ |

▶ 「あぁ～ん」という声で稼ぐ。

| 0917 | **shift** | /ʃíft/ | ❶ 移す ❷ 交替 |

▶ シフトを移すと店長が交替で入る。

| 0918 | **resource** | /rísɔːrs/ | ❶ 資源 |

▶ 理想っす！資源のある国。

| 0919 | **dust** | /dʌ́st/ | ❶ ちり ❷ ほこり |

▶ 出(ダ)すとまた出るちり、ほこり。

| 0920 | **fund** | /fʌ́nd/ | ❶ 資金 |

▶ ファンどうしても必要な資金。

0911 quarterly（季刊誌） 0915 properly（適切に）

| 0921 | **constant** | /kɑ́nstənt/ | ❶ 絶え間ない |

▶ <u>コンスタント</u>に 絶え間ない雨。

| 0922 | **lively** | /láivli/ | ❶ 元気のよい |

▶ <u>ライブ</u>立派（リッ）！元気のよいバンド。

0923 flash /flǽʃ/ ❶ ピカッと光る
▶ フラッシュがピカッと光る。

0924 trap /trǽp/ ❶ わな
▶ トラ、プッツリとわなを噛みきる。

0925 ceiling /síːliŋ/ ❶ 天井
▶ Cリングでつなぐ天井。

0926 amazing /əméiziŋ/ ❶ 驚くべき
▶ あ、姪、神宮で挙げた驚くべき結婚式。

0927 fortune /fɔ́ːrtʃən/ ❶ 運
▶ 頬、チュ！運がいい。

0928 crown /kráun/ ❶ 王冠
▶ クラウンのマークは王冠。

0929 coal /kóul/ ❶ 石炭
▶ 凍る石炭。

0930 injure /índʒər/ ❶ 傷つける
▶ 医院じゃ傷つけることはしない。

[0927] fortunate（運のよい）　[0930] injury（傷害）

0931 **relief** /rilíːf/ ❶ 救済 ❷ 安心

▶ リリーフ投手が救済するので安心。

0932 **pour** /pɔ́ːr/ ❶ 注ぐ

▶ ぽぉ〜と注ぐ。

0933 virus /váirəs/ ❶ 病原体
▶ 倍荒らす、強力な病原体。

0934 wrap /rǽp/ ❶ 包む
▶ ラップで包む。

0935 staff /stǽf/ ❶ 職員
▶ スタッフ飽き飽き職員会議。 ※飽き あき → staff

0936 mass /mǽs/ ❶ 大衆の ❷ かたまり ❸ 集団
▶ 増す大衆の かたまりを集団と呼ぶ。

0937 media /míːdiə/ ❶ マスメディア
▶ メディア戦争を繰り返すマスメディア。

0938 vast /vǽst/ ❶ 広大な
▶ バス通れる広大な道路。

0939 novel /nóvl/ ❶ 目新しい ❷ 小説
▶ ノーベル賞は目新しい 小説に。

0940 closely /klóusli/ ❶ 綿密に
▶ 苦労！すり寄りたくて綿密に計画。

0931 relieve（救助する）　0940 close（近い）

0941 sharp /ʃɑ́ːrp/
❶ 鋭い

▶ <u>シャープ</u>で鋭い動き。

0942 export /ikspɔ́ːrt/
❶ 輸出する

▶ <u>いかすスポーツカー</u>を輸出する。

0943 rough /rʌ́f/ ❶ 粗い
▶ 裸婦(ラフ)の肌は粗い。

0944 heaven /hévn/ ❶ 天国
▶ ヘブン島は天国だ。

0945 bare /béər/ ❶ 裸の
▶「ベー」、アカンベーと裸の少年。

0946 divide /diváid/ ❶ 分ける
▶ でぶ倍(バイ)どうぞと分ける。

0947 import /impɔ́ːrt/ ❶ 輸入する
▶ インポート雑貨を輸入する。

0948 mystery /místəri/ ❶ 神秘
▶ ミステリーゾーンで神秘体験。

0949 strip /stríp/ ❶ はぐ
▶ スッと、立派(リッパ)な着物をはぐ。

0950 pin /pín/ ❶ (ピンで)留める
▶ ピンで留める。

0944 heavenly（天の） 0945 barely（かろうじて）

0951 **admire** /ədmáiər/ ❶ 賞賛する

▶「あとまあいいや」と途中まで賞賛する。

0952 **correct** /kərékt/ ❶ 正しい

▶これ喰っとけば正しいダイエット。

| 0953 | **security** /səkjúərəti/ | ❶ 安全保障 |

▶ セキュリティーシステムで安全保障。

| 0954 | **pause** /pɔ́ːz/ | ❶ 小休止 |

▶ ポーズはそのままで小休止。

| 0955 | **coast** /kóust/ | ❶ 海岸 |

▶ コース、となりは海岸。

| 0956 | **conduct** /kɔ́ndəkt/ | ❶ 行為 |

▶ 今度吐く(コンドハ)という行為をしたら出入り禁止。

| 0957 | **shadow** /ʃǽdou/ | ❶ 影 |

▶ 車道(シャドウ)に影。

| 0958 | **crisis** /kráisis/ | ❶ 危機 |

▶ 暗いし(クラ)、すでに危機的状況。

| 0959 | **pure** /pjúər/ | ❶ 純粋な |

▶ ピュアで純粋な男の子。

| 0960 | **crazy** /kréizi/ | ❶ 狂気の |

▶ 空冷時(クウレイジ)にアイスとは狂気のさた。

0951 admirable（賞賛すべき）　0958 critical（重大な）

0961 tight /táit/
❶ きつい

▶ タイトスカートはきつい。

0962 expert /ékspəːrt/
❶ 専門家

▶ エキスパートはその道に長（タ）けた専門家。

0963 height /háit/ — ❶ 高さ
▶ ハイ、通れないよ、その高さ。

0964 ordinary /ɔ́:rdənèri/ — ❶ 普通の
▶ 王子、なりは普通の人。

0965 stream /strí:m/ — ❶ 流れ
▶ 巣→鳥→産むの流れ。

0966 hunt /hʌ́nt/ — ❶ 狩りをする
▶ 半島で狩りをする。

0967 harm /há:rm/ — ❶ 害
▶ ハムに害はないらしい。

0968 decrease /dikrí:s/ — ❶ 減少する
▶ でこ、リスにかじられ髪が減少する。

0969 leap /lí:p/ — ❶ 跳ねる
▶ 利、いっぱいで喜び跳ねる。

0970 cheer /tʃíər/ — ❶ 元気づける
▶ チアリーダーが元気づける。

0967 harmful（有害な）　0970 cheerful（元気のいい）

0971 sunshine /sʌ́nʃàin/ ❶ 日光

▶ <u>3社</u>員が日光を浴びる。

0972 sake /séik/ ❶ 目的

▶ <u>背</u>、いくらかでも伸ばすのが目的。

0973 tube /tjúːb/ ❶ 管
▶ 中部（チュウブ）の会社が作る管。

0974 pan /pǽn/ ❶ 平鍋
▶ パンも焼ける平鍋。

0975 chat /tʃǽt/ ❶ おしゃべり
▶ ちゃっと家事終え、主婦のおしゃべり。

0976 lonely /lóunli/ ❶ 孤独な
▶ 論理（ロンリ）は孤独な学者が考える。

0977 proud /práud/ ❶ 誇り高い
▶ プロはうどんの打ち方も誇り高い。

0978 deny /dinái/ ❶ 否定する
▶ 「〜でない」と否定する。

0979 debt /dét/ ❶ 負債
▶ 「出（デ）」とは負債のこと。

0980 soil /sɔ́il/ ❶ 土
▶ そう、いるのは土だよ。

0977 proudly（誇らしげに）　0978 denial（否定）

0981 zone /zóun/ ❶ 地帯

▶ 象うんといる地帯。

0982 quantity /kwá:ntəti/ ❶ 量

▶ 「食わん！」徹底して量減らす。

| 0983 | **gear** | /gíər/ | ❶ 歯車 |

▶ ギアをかませて歯車を動かす。

| 0984 | **sigh** | /sái/ | ❶ ため息をつく |

▶ サイフを見てため息をつく。

| 0985 | **essay** | /ései/ | ❶ 随筆 |

▶ エセ医師の書いた随筆。

| 0986 | **lawn** | /lɔ́ːn/ | ❶ 芝生 |

▶ ローンで青い芝生を買う。 ※青 あお → lawn

| 0987 | **urban** | /ə́ːrbən/ | ❶ 都会の |

▶ あぁ、晩(バン)寂しい都会の夜。

| 0988 | **harbor** | /hɑ́ːrbər/ | ❶ 港 |

▶ 幅(ハバ)ある大きな港。 ※ある → harbor, おおきな → o

| 0989 | **reveal** | /rivíːl/ | ❶ 暴露する |

▶ 利(リ)、ビールはいいことを暴露する。

| 0990 | **capable** | /kéipəbl/ | ❶ 有能な |

▶ 毛(ケ)、いっぱいぶる有能なかつら。

[0987] suburban（郊外の）　[0990] capability（能力）

0991 account /əkáunt/
❶ 説明する

▶ <u>アカ</u>、<u>ウン</u>とってもいいことを説明する。

0992 casual /kǽʒuəl/
❶ 何気ない　❷ 偶然の

▶ カジュアルな何気ない服、偶然の一致。

0993 tune /tjúːn/ ❶ 曲 ❷ 調律

▶ チュン、チュンすずめが曲の調律。

0994 holy /hóuli/ ❶ 神聖な

▶ 放(ホウ)り投げられた神聖な杯。

0995 canal /kənǽl/ ❶ 運河

▶ カナル運河。

0996 intend /inténd/ ❶ ～するつもりである

▶ 委員(イ イン)、天丼(テン ドン)にするつもりである。

0997 seasonal /síːzənəl/ ❶ 季節的な

▶ シーズン、なるべく季節的な食べ物を。

0998 convenient /kənvíːnjənt/ ❶ 便利な

▶ コンビニ、円(エン)とドルが使える便利なお店。

0999 survey /sərvéi/ ❶ 調査する

▶ さあ、米軍(ベイ)を調査するぞ。

1000 indicate /índəkèit/ ❶ 指し示す

▶ 印字系統(イン ジ ケイ トウ)の故障箇所を指し示す。

0991 accountability（説明責任）　0998 convenience（便利さ）

1001 courage /kˈɚːrɪdʒ/ ❶ 勇気

▶ カレーじゃあ勇気が出ない。

やっぱカツ丼だよな…

1002 impression /ɪmpréʃən/ ❶ 印象

▶ いいプレー、一生(イッショウ)残る印象。

217

1003 burden /bɜ́ːrdn/ ❶ 重荷

▶ バーでうんと飲んだ支払いが重荷。

1004 fellow /félou/ ❶ やつ ❷ 仲間

▶ 減ろうがやつだけは仲間。

1005 familiar /fəmíljər/ ❶ よく知られている

▶ 「ファ、ミ、レ」あとは皆によく知られている。

1006 complain /kəmpléin/ ❶ 不平を言う

▶ このプレー、インチキだと不平を言う。

1007 instance /ínstəns/ ❶ 実例

▶ いい椅子、タンスの実例。

1008 select /səlékt/ ❶ 選ぶ

▶ 政令区(セイ レイ ク)として選ぶ。

1009 nervous /nɜ́ːrvəs/ ❶ 神経質な

▶ なぁ、バスの運転って神経質な仕事だよな。

1010 advance /ədvǽns/ ❶ 進歩する

▶ アドバンスコースを取れば進歩する。

1002 impress（印象づける）　1009 nerve（神経）

1011 navy /néivi/ ❶ 海軍

▶ 寝いびき激しい海軍の人。

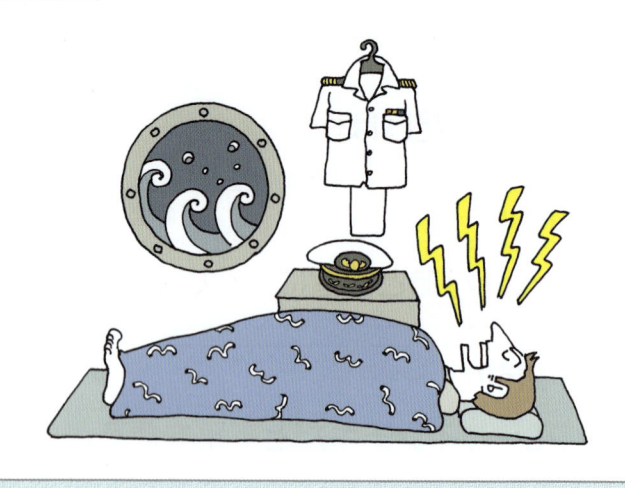

1012 steal /stíːl/ ❶ 盗む

▶ スチール製品を盗む。

ROUND 4 ● No.1011-1020

1013 recognize /rékəgnàiz/ ❶ 認める
▶ 令子(レイコ)、具内臓(グナイゾウ)と認める。

1014 career /kəríər/ ❶ 経歴
▶ 刈谷(カリヤ)に住んでいた経歴。

1015 bother /báːðər/ ❶ 悩ませる
▶ バザーは何を買うかを悩ませる。

1016 attract /ətrǽkt/ ❶ 引きつける
▶ 「あっ、トラック！」と注意を引きつける。

1017 essential /esénʃəl/ ❶ 不可欠な
▶ ええ選手(センシュ)にある不可欠な才能。

1018 connect /kənékt/ ❶ つなぐ
▶ こうね？ 苦闘(クトウ)して配線つなぐ。

1019 available /əvéiləbl/ ❶ 利用できる
▶ 阿部(アベ)、いいラボを利用できる。

1020 bend /bénd/ ❶ 曲げる
▶ 便(ベン)どうやって曲げる？

1016 attraction（魅力） 1017 essence（本質）

1021 opposite /ɑ́pəzit/ ❶ 反対の

▶ おっ、ポジとネガは反対のものなんだ。

1022 stir /stə́ːr/ ❶ かき回す

▶ スターがシチューをかき回す。

| 1023 | **nuclear** | /njúːkliər/ | ❶ 原子力の |

▶ NEW！クニューリアな原子力の研究室。

| 1024 | **contract** | /kɔ́ntrækt/ | ❶ 契約 |

▶ このトラックと引越しの契約。

| 1025 | **military** | /mílətəri/ | ❶ 軍隊 |

▶ ミリたりとも誤差のない軍隊。

| 1026 | **council** | /káunsl/ | ❶ 会議 |

▶ 感カン想ソウを求められる会議。

| 1027 | **establish** | /istǽbliʃ/ | ❶ 設立する |

▶ イス、テーブルー一イッ週シュウ間でそろえ設立する。

| 1028 | **literature** | /lítərətʃər/ | ❶ 文学 |

▶ 「離リ寺テラ」ちゃーんとした文学。

| 1029 | **conflict** | /kɔ́nflikt/ | ❶ 争い |

▶ （応援）来コん！不フ利リ、苦ク闘トウの争い。

| 1030 | **league** | /líːg/ | ❶ 同盟 |

▶ リーグ戦を勝ち抜くために同盟を結ぶ。

1021 oppose（反対する）　1026 councilor（顧問）

1031 claim /kléim/ ❶ 要求する

▶「くれ！」井村屋の肉まんを要求する。

1032 occasion /əkéiʒən/ ❶ 時

▶ OK、ジョンがいる時なら。

合コン、どう？

1033 aspect /ǽspekt/ ❶ 局面
▶ 明日ペコッと謝る局面となる。
（ア ス）

1034 observe /əbzə́ːrv/ ❶ 観察する
▶ お、ブザー、ブッと鳴るのを観察する。

1035 repair /ripéər/ ❶ 修理する
▶ 立派や！修理する心。
（リッ パ）

1036 appropriate /əpróupriət/ ❶ 適切な
▶ アップルをプリンへと適切な調理。

1037 trial /tráiəl/ ❶ 裁判
▶ 到来、ある日の裁判。
（トウ ライ）

1038 award /əwɔ́ːrd/ ❶ 賞を与える
▶ あぁ、おどおど賞を与える人。

1039 minister /mínəstər/ ❶ 大臣
▶ ミニ、スタスタ歩く大臣。

1040 pollution /pəlúːʃən/ ❶ 汚染
▶ ポール、しょんぼり、川の汚染。

1032 occasionally（たまに） 1034 observer（立会人）

1041 favor /féivər/ ❶ 好意

▶ 「Hey！婆(バァ)！」は好意を持った呼びかけ。

1042 evidence /évədəns/ ❶ 証拠

▶ エビでんす！と証拠を見せる。

これ、本当にエビ？

1043 appointment /əpɔ́intmənt/ ❶ 約束
▶ アポイント、面(メン)と向かって約束する。

1044 previous /príːviəs/ ❶ 以前の
▶ プリ美癒(ビ イヤ)す以前の彼女。

1045 independent /ìndipéndənt/ ❶ 独立している
▶ 医院(イ イン)でペンダントあるのは独立している証拠。

1046 content /káːntent, kəntént/ ❶ 中身 ❷ 満足して
▶ 寒天(カン テン)とその中身に満足している。

1047 excuse /ekskjúːs/ ❶ 言い訳
▶ いかす急須(キュウ ス)を壊した言い訳する。

1048 equipment /ikwípmənt/ ❶ 設備 ❷ 支度
▶ 行く1分前(イ イップン マエ)、特殊な設備の支度(トク)。

1049 contribute /kəntríbjuːt/ ❶ 寄付する
▶ この取り分(ト ブン)、トンガに寄付する。

1050 rely /rilái/ ❶ 頼みにする
▶ 利(リ)、来年(ライ)を頼みにする。

1041 favorite（お気に入りの） 1042 evident（明らかな）

1051 specific /spəsífik/ ❶ 特有の

▶ すっぺぇし、ヒクつく特有の味。

1052 warn /wɔ́ːrn/ ❶ 警告する

▶ 「ウォ～ン」と吠えて警告する。

1053 transport /trænspɔ́ːrt/ ❶ 輸送する
▶ 取らんスポーツ新聞を輸送する。

1054 comment /kɔ́ment/ ❶ 論評する
▶ コメント欄に論評する。

1055 concentrate /kɑ́nsentrèit/ ❶ 集中する
▶ 混戦！「取れ伊藤！」と応援に集中する。

1056 negative /négətiv/ ❶ 消極的な
▶ ネガ、T部長に見せたら消極的な態度に。

1057 obtain /əbtéin/ ❶ 手に入れる
▶ おぶってインチキ、財産を手に入れる。

1058 volunteer /vɑ̀ləntíər/ ❶ 志願者
▶ ボランティアに多くの志願者。

1059 recall /rikɔ́ːl/ ❶ 思い出す
▶ リコール事件を思い出す。

1060 context /kɑ́ntekst/ ❶ 脈絡 ❷ 前後関係
▶ このテキストには脈絡や前後関係がない。

1051 specify（特定する）　1055 concentration（集中）

1061 ignore /ignɔ́ːr/ ❶ 無視する

▶ 胃(イ)「ぐぅ〜」の合図を無視する。

1062 fairly /féərli/ ❶ かなり ❷ 公平に

▶ へぇ〜、アリさんはかなり 公平に分けるんだ。

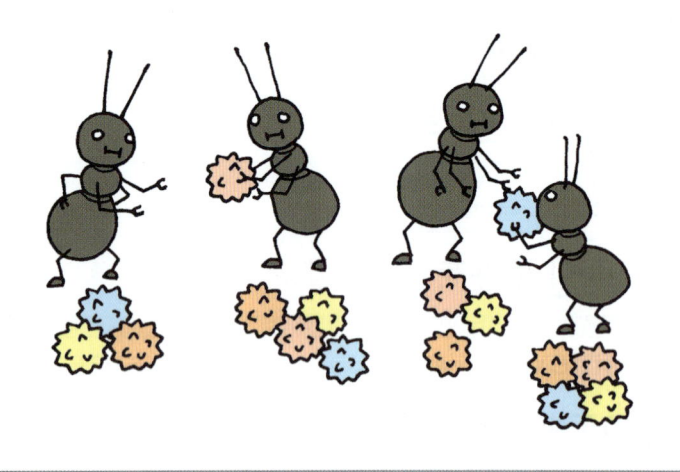

| 1063 | **trace** | /tréis/ | ❶ 跡をたどる |

▶ とれぇーっす。馬鹿の跡をたどる。

| 1064 | **replace** | /ripléis/ | ❶ 取って代わる |

▶ 李、プレーする選手に取って代わる。

| 1065 | **item** | /áitəm/ | ❶ 項目 |

▶ あえて無理に項目を増やす。

| 1066 | **relax** | /rilǽks/ | ❶ くつろぐ |

▶ リラックスできるイスでくつろぐ。

| 1067 | **instruction** | /instrʌ́kʃən/ | ❶ 指示 |

▶ 犬、数トラ、クッションに使うよう指示。

| 1068 | **loud** | /láud/ | ❶ 大声の |

▶ ラウド君は大声の少年。

| 1069 | **profit** | /prɔ́fit/ | ❶ 利益 |

▶ プロ、フィットする靴で利益を出す。

| 1070 | **excellent** | /éksələnt/ | ❶ 優秀な |

▶ エクセル、うんと使える優秀なソフト。

1061 ignorant（知らない） 1062 fair（公平な）

1071 dare /déər/

❶ あえて〜する

▶ 出会(デア)えん、あえてお見合いする。

1072 secretary /sékrətèri/

❶ 秘書 ❷ 書記

▶ 背(セ)くれ！足(タ)りずに秘書にも書記にもなれない。

1073 trick /trík/ ❶ 策略
▶ トリックを使った策略。

1074 awful /ɔ́:fl/ ❶ 恐ろしい
▶ 尾(オ)を振(フ)る犬は恐ろしい。

1075 structure /strʌ́ktʃər/ ❶ 構造
▶ スト落着(ラクチャク)したのは社会構造がいいから。

1076 positive /pɑ́zətiv/ ❶ 積極的な ❷ 肯定的な
▶ ポジティブで積極的な人は肯定的な考え方。

1077 instrument /ínstrəmənt/ ❶ 道具
▶ インストール、面倒(メンドウ)さをなくす道具。

1078 preserve /prizə́:rv/ ❶ 保存する
▶ プリ、座布(ザブ)団の下に保存する。

1079 consist /kənsíst/ ❶ ～から成る
▶ この死(シ)、ストーブの不完全燃焼から成る。

1080 enable /inéibl/ ❶ 可能にする
▶ いい寝坊(ネボウ)、定刻登校を可能にする。

1073 tricky（狡猾な） 1079 consistently（一貫して）

| 1081 | **diet** /dáiət/ | ❶ 食事 ❷ 国会 |

▶ ダイエット向けの食事が国会にある。

官房長官もどう?

| 1082 | **crop** /krɔ́p/ | ❶ 作物 ❷ 収穫高 |

▶ 苦労(クロウ)プッと吹き飛ぶ作物の収穫高。

1083 otherwise /ʌ́ðərwàiz/ ❶ さもないと ❷ 別の方法で
▶「あざ」はいずれ消える。さもないと 別の方法で取る。

1084 contrast /kɔ́ntrɑːst/ ❶ 対照
▶コント、ラストが対照的。

1085 committee /kəmíti/ ❶ 委員会
▶込み入っている委員会。

1086 afford /əfɔ́ːrd/ ❶ ～する余裕がある
▶あ、フォードを買う余裕があるんだ。

1087 muscle /mʌ́sl/ ❶ 筋肉
▶まあ、そう使わない筋肉。

1088 smooth /smúːð/ ❶ 滑らかな ❷ 平らな
▶スムーズで滑らかな、平らな机。

1089 shore /ʃɔ́ːr/ ❶ 岸
▶昭和にはなかった岸。

1090 income /ínkʌm/ ❶ 収入
▶犬噛む仕事は収入がいい。

1084 contrastive（対照的な）　1087 muscular（筋肉の）

1091 function /fʌ́ŋkʃən/ ❶ 機能

▶ 不安、クッションの機能。

1092 pride /práid/ ❶ 誇り

▶ プライドかけて誇りを守る。

1093 threat /θrét/ ❶ 脅迫
▶「すれっ！」と脅迫。

1094 authority /əθɔ́ːrəti/ ❶ 権威
▶恐(オソ)れている権威。

1095 glance /glǽns/ ❶ ちらっと見る
▶具(グ)、卵巣(ランソウ)だと聞き、ちらっと見る。

1096 crime /kráim/ ❶ 犯罪
▶暗(クラ)い向(ム)こうの街は犯罪が多い。

1097 recover /rikʌ́vər/ ❶ 取り戻す
▶理科(リカ)ばっか勉強し、成績取り戻す。

1098 combine /kəmbáin/ ❶ 結合させる
▶コンバインは刈り取りと脱穀を結合させる。

1099 access /ǽkses/ ❶ 接近方法
▶アクセスのよい接近方法。

1100 slight /sláit/ ❶ わずかな
▶「酢(ス)ライト」はわずかな酢っぱさ。

1094 authorize（権威づける） 1098 combination（結合）

1101 stuff /stʌ́f/
❶ 材料 ❷ もの ❸ 詰め込む

▶ <u>スタッフ</u>が器に材料やものを<u>詰め込む</u>。

※ 器 うつわ → <u>stuff</u>

1102 plenty /plénti/
❶ 豊富

▶ <u>フレンチ</u>は品数が豊富。

1103 upset /ʌpsét/ ❶ ひっくり返す
▶ アップアップ、瀬戸物全部ひっくり返す。

1104 react /riækt/ ❶ 反応する
▶ 利、悪！と税務署が反応する。

1105 household /háushòuld/ ❶ 家庭
▶ 葉薄っ、放る度合いの多い贅沢な家庭。

1106 declare /dikléər/ ❶ 宣言する
▶ Dくれぇあると宣言する。

1107 victim /víktim/ ❶ 犠牲者
▶ ビクッ！血みどろの犠牲者。

1108 graduate /grǽdʒuèit/ ❶ 卒業する
▶ グラ、10干支言えたら卒業する。

1109 sensitive /sénsətiv/ ❶ 敏感な
▶ センサー、一部で反応するとは敏感な。

1110 evil /íːvl/ ❶ 邪悪な
▶ いびる邪悪な行為。

1104 reaction（反応） 1109 sensitivity（感受性）

1111 merely /míərli/

❶ ただ

▶ 身あり、ただそれだけ。

1112 stretch /strétʃ/

❶ 伸ばす

▶ ストレッチで体を伸ばす。

1113 version /vɚ́ːrʒən/ ❶ 改作 ❷ …版
▶ バージョンアップで改作された第5版。

1114 nevertheless /nèvərðəlés/ ❶ それでもなお
▶ ネバダ、レスリングそれでもなお全米一。

1115 chest /tʃést/ ❶ 箱 ❷ 胸
▶ 千恵すっと、箱を胸まで下ろす。

1116 explore /iksplɔ́ːr/ ❶ 探検する
▶ 行くッス！プロは一人で探検する。

1117 adventure /ədvéntʃər/ ❶ 冒険
▶ アドベンチャーワールドを冒険。

1118 compete /kəmpíːt/ ❶ 競争する
▶ 寛平とマラソンで競争する。

1119 praise /préiz/ ❶ 賞賛する
▶ プレイ、ずっと賞賛する。

1120 permit /pərmít/ ❶ 許す
▶ パー、見っともない結果だが許す。

1116 explorer（探検者）　1118 competition（競争）

1121 promote /prəmóut/ ❶ 促進する

▶ <u>プロ、もっと</u>販売促進する。

1122 despite /dispáit/ ❶ 〜にもかかわらず

▶ <u>字、失敗とか</u>にもかかわらずうまい。

1123 calculate /kǽlkjəlèit/ ❶ 計算する
▶ 軽(カル)く「O」と計算(レイ)する。

1124 religion /rilídʒən/ ❶ 宗教
▶ リリー、依存(イゾン)する宗教。

1125 associate /əsóuʃièit/ ❶ 連想する
▶ 阿蘇(アソ)、牛(ウシ)ええ！と連想する。

1126 cancer /kǽnsər/ ❶ ガン
▶ 勘(カン)さ！ガンだと思うのは。

1127 concept /kɑ́nsept/ ❶ 概念
▶ 今世(コンセ)、プッと笑って生きる概念。

1128 crew /krúː/ ❶ 乗組員
▶ 狂(クル)う乗組員。

1129 mostly /móustli/ ❶ 大部分
▶ 申(モウ)す通(トオ)りです、大部分は。

1130 command /kəmǽnd/ ❶ 命令する
▶ コマ、運動(ウンドウ)会で回せと命令する。

1124 religious（信心深い） 1125 association（交際）

1131 scream /skríːm/ ❶ 金切り声をあげる

▶ 酢、クリームに混ぜるなと金切り声をあげる。

1132 score /skɔ́ːr/ ❶ 得点

▶ スコアブックに得点を記入する。

1133 reserve /rizə́ːrv/ ❶ 予約する
▶ リザーブ席を予約する。

1134 estimate /éstəmèit/ ❶ 評価する
▶ エステ、姪(メイ)と評価する。

1135 schedule /skédʒuːl/ ❶ 予定表
▶ スケジュールを予定表に書く。

1136 cash /kǽʃ/ ❶ 現金
▶ キャッシュコーナーで現金をおろす。

1137 ceremony /sérəməni/ ❶ 儀式
▶ セレモニーは退屈な儀式。

1138 bay /béi/ ❶ 湾 ❷ 入り江
▶ 米(ベイ)、基地は湾や入り江に作る。

1139 emphasis /émfəsis/ ❶ 強調
▶ 円(エン)は死す(シ)！と投資家が強調。

1140 participate /pɑːrtísəpèit/ ❶ 参加する
▶ パーティ失敗(シッパイ)とならぬよう参加する。

1136 cashier（出納係）　1139 emphasize（強調する）

1141 credit /krédit/
❶ 信用する

▶ **クレジット**カードを**信用する**。

1142 element /éləmənt/
❶ 要素

▶ **偉ェ**！**麺**とダシの**要素**は押さえてる。

1143 confuse /kənfjúːz/ ❶ 混乱させる
▶ この冬ずっと大雪で混乱させる。

1144 invent /invént/ ❶ 発明する
▶ 犬、弁当を発明する。

1145 efficient /əfíʃənt/ ❶ 能率的な
▶ エビちゃんと能率的な仕事。

1146 liquid /líkwid/ ❶ 液体
▶ 陸移動する液体。

1147 spare /spéər/ ❶ 割く
▶ スペア取ろうと時間を割く。

1148 rid /ríd/ ❶ 取り除く
▶ 理、どうにか矛盾を取り除く。

1149 extend /eksténd/ ❶ 伸ばす
▶ X点どうにか超えて記録を伸ばす。

1150 revolution /rèvəlúːʃən/ ❶ 革命
▶ 冷房、潤う商品で革命。

1142 elementary（初歩の） 1149 extent（広がり）

1151 reward /riwɔ́ːrd/ ❶ 報酬

▶ 利追うどろぼう、報酬がいい。

1152 occupy /ɔ́kjəpài/ ❶ 占有する

▶ 王宮、パイを占有する。

1153 wing /wíŋ/ ❶ つばさ
▶ ウイングは飛行機のつばさ。

1154 celebrate /séləbrèit/ ❶ 祝う
▶ セレブ、冷凍食品で祝う。

1155 acid /ǽsid/ ❶ 酸っぱい
▶ 汗、ドッ！と出る、酸っぱい食べ物。

1156 seed /síːd/ ❶ 種
▶ しい、どんぐりの種。

1157 load /lóud/ ❶ 積み荷 ❷ 積む
▶ 労働者が積み荷に積むOA機器。 ※OA → load

1158 retire /ritáiər/ ❶ 引退する
▶ 李、タイヤ会社を引退する。

1159 raw /rɔ́ː/ ❶ 生の
▶ 労せず食べた生の青魚。 ※青 あお → raw

1160 congress /kɔ́ŋgres/ ❶ 議会
▶ こんぐれぇすごい議会は初めて。

[1152] occupation（職業） [1154] celebration（祝賀）

1161 cousin /kázn/
❶ いとこ

▶ 数(カズ)うんと多い いとこ。

1162 brave /bréiv/
❶ 勇敢な

▶ 無礼(ブレイ)！武士(ブ)は勇敢な。

| 1163 | **manufacture** /mæ̀njəfǽktʃər/ | ❶ 製造する |

▶ 真似、白昼は偽物を製造する。
（マネ）（ハクチュウ）

| 1164 | **swallow** /swɑ́:lou/ | ❶ ツバメ ❷ 飲み込む |

▶ 座ろう、ツバメスープを飲み込む時は。
（スワ）

| 1165 | **principle** /prínsəpl/ | ❶ 原則 |

▶ プリン、さっぱり味が原則。

| 1166 | **identity** /aidéntəti/ | ❶ 同一であること |

▶ あ、遺伝って血が同一であることなんだ。
（イデン）（チ）

| 1167 | **belt** /bélt/ | ❶ 帯 |

▶ ベルトをやめて帯にする。

| 1168 | **property** /prɑ́pəti/ | ❶ 財産 |

▶ プロ、パチンコで作った財産。

| 1169 | **disaster** /dizǽstər/ | ❶ 災害 |

▶ 実際、あした突然起きるのが災害。
（ジッサイ）

| 1170 | **poverty** /pɑ́vəti/ | ❶ 貧乏 |

▶ ポー、ばっちい服を着ていた貧乏時代。

1162 bravery（勇気） 1166 identify（確認する）

1171 clue /klúː/ ❶ 手がかり

▶ 狂(クル)う犯人の手がかりをつかめ！

1172 protest /prətést/ ❶ 抗議する

▶ プロテストの不正に抗議する。

| 1173 | **flood** /flʌ́d/ | ❶ 洪水 |

▶ ふらっ、どぶの洪水に目がくらむ。

| 1174 | **conference** /kɑ́nfərəns/ | ❶ 協議 |

▶ 来んフランスをはずして協議。

| 1175 | **legal** /líːgəl/ | ❶ 合法的な |

▶ 理がある合法的な商売。

| 1176 | **sack** /sǽk/ | ❶ 首にする ❷ 大袋 |

▶ サックリ首にすると、大袋に荷物をまとめる。

| 1177 | **grave** /gréiv/ | ❶ 厳粛な ❷ 墓 |

▶ グレー部分が多い厳粛な 墓。

| 1178 | **obvious** /ɑ́bviəs/ | ❶ 明らかな |

▶ 帯、明日使うのは明らかなこと。

| 1179 | **deliver** /dilívər/ | ❶ 配達する |

▶ デリ、婆さんが配達する。

| 1180 | **acquire** /əkwáiər/ | ❶ 取得する |

▶ 飽くワイやけど資格は取得する。

1174 confer（相談する）　1175 illegal（非合法の）

1181 grain /gréin/ ❶ 穀物

▶ ぐれん子供は穀物を食べて育つ。

1182 mission /míʃən/ ❶ 使命

▶ ミッション・インポッシブルは不可能な使命。

1183 cast /kést/ ❶ 出演俳優 ❷ 投げる
▶ キャストが出演俳優に物投げる。

1184 define /difáin/ ❶ 定義する
▶ 爺、ファインプレーを定義する。

1185 violence /váiələns/ ❶ 暴力
▶ 倍を連想した暴力事件数。

1186 arise /əráiz/ ❶ 起こる
▶ あら、いずれ事件は起こるのよ。

1187 purchase /pə́ːrtʃəs/ ❶ 購入する
▶ パー、茶すぐに購入する。

1188 significant /signífikənt/ ❶ 重要な ❷ 意味を表す
▶ すぐに引かんと！重要な 意味を表す語。

1189 moreover /mɔːróuvər/ ❶ その上
▶ 喪はオーバーに、その上長く。

1190 grateful /gréitfl/ ❶ 感謝している
▶ 具、冷凍！フル活用で感謝している。

1184 definite（明確な） 1185 violent（乱暴な）

1191 expand /ikspǽnd/ ❶ 広げる

▶ <u>イカ、すぱん！胴(ドウ)</u>を切って広げる。

1192 trend /trénd/ ❶ 傾向

▶ <u>トレンド</u>ファッションの傾向をつかむ。

ROUND 4 ● No.1191-1200

1193 capacity /kəpǽsəti/ ❶ 収容能力
▶ 合羽(カッパ)指定(シテイ)は収容能力のため。

1194 regret /rigrét/ ❶ 後悔する
▶ 利(リ)ぐれぇ取(ト)っとけ！と言って後悔する。

1195 whisper /wíspər/ ❶ ささやく
▶ ウイスパーはささやく優しさ。

1196 adopt /ədáːpt/ ❶ 採用する
▶ 仇(アダ)「プッ」と笑い捨てて採用する。

1197 discipline /dísəplən/ ❶ 訓練
▶ 弟子(デシ)、プリン作る訓練。

1198 pile /páil/ ❶ …の山 ❷ 積み上げる
▶ パイ類(ルイ)の山を積み上げる。

1199 curious /kjúəriəs/ ❶ 好奇心の強い
▶ きゅうり明日(アス)も買う好奇心の強い人。

1200 delay /diléi/ ❶ 遅らせる
▶ でれぇ〜っとして出発を遅らせる。

1192 trendy（はやりの）　1199 curiosity（好奇心）

派生語の作り方
接尾辞④ 副詞・動詞

(1) 形容詞・分詞に -ly をつけると、「様態・頻度」を表す副詞になる
- ☐ busily　忙しく
- ☐ closely　ぴったりと
- ☐ easily　容易に
- ☐ fully　十分に

(2) 名詞の所有格の -s が「時・場所」を表していた時代のなごりの副詞
- ☐ besides　その上
- ☐ sometimes　時々
- ☐ overseas　海外へ
- ☐ nowadays　今日では

(3) -ward(s) をつけると、「～の方へ」の意味の副詞になる
- ☐ afterward　のちに
- ☐ forward　前へ

(4) -ways、-wise をつけると、「～の方法で」の意味の副詞になる
- ☐ always　常に
- ☐ clockwise　時計回りに

(5) 形容詞・名詞に -en をつけると、「～する」の意味の動詞になる
- ☐ widen　広くする
- ☐ flatten　平らにする
- ☐ deepen　深める
- ☐ weaken　弱める

(6) -ize、-ise をつけると、「～になる」「～化する」の意味の動詞になる
- ☐ organize　組織する
- ☐ Americanize　アメリカ風にする
- ☐ normalize　標準化する
- ☐ memorize　記憶する

(7) -(i)fy をつけると、「～にする」の意味の動詞になる
- ☐ qualify　資格を与える
- ☐ simplify　単純化する
- ☐ justify　正当化する
- ☐ identify　同一視する

(8) -ate をつけると、「～させる」の意味の動詞になる
- ☐ illustrate　説明する
- ☐ dominate　支配する

-ate をつけると、「～の職務の人」の意味の名詞になる
- ☐ candidate　候補者
- ☐ senate　上院

-ate をつけると、「～のある」の意味の形容詞になる
- ☐ passionate　情熱的な
- ☐ fortunate　幸運な

COLUMN

ROUND 5

300 WORDS

【頻出度】
★★

【学習日】

1201 engage /engéidʒ/ ❶ 従事する

▶ 園芸(エンゲイ)、じいさんが従事する。

1202 cattle /kǽtl/ ❶ 牛

▶ 飼(カ)っとる牛。

1203 steam /stíːm/ ❶ 蒸気

▶ スチームアイロンの蒸気。

1204 fiction /fíkʃən/ ❶ 作り話 ❷ 小説

▶ フィクションは作り話の小説。

1205 aside /əsáid/ ❶ かたわらに

▶ 浅い(アサ)ドブのかたわらに猫。

1206 ethnic /éθnik/ ❶ 少数民族の

▶ エスニック料理は少数民族の食文化。

1207 display /displéi/ ❶ 展示する

▶ 字(ジ)、スプレーで書いて展示する。

1208 affair /əféər/ ❶ 事件

▶ あ、屁(へ)や！これは事件だ。

1209 mayor /méiər/ ❶ 市長

▶ 姪(メイ)や！市長になったのは。

1210 trail /tréil/ ❶ 引きずる

▶ 戸(ト)、レールの上を引きずる。

1201 engagement（婚約）　1210 trailer（トレーラー）

1211 whereas /weəræz/ ❶ ところが

▶ <u>ウエア預けた</u>。ところがなくされた。

1212 arrest /ərést/ ❶ 逮捕する

▶ <u>あ、レストラン</u>で逮捕する。

1213 crash /kréʃ/ ❶ 衝突する
▶ クラッシュ事故で衝突する。

1214 consumer /kənsjúːmər/ ❶ 消費者
▶ 今週、まぁ多かった消費者。

1215 financial /finǽnʃəl/ ❶ 財政上の
▶ 非難しあう財政上の問題。

1216 stupid /stjúːpəd/ ❶ 愚かな
▶ シチュー、ピッと吐き出すとは愚かな。

1217 translate /trǽnsleit/ ❶ 翻訳する
▶ 「トラ、運送例」と翻訳する。

1218 blame /bléim/ ❶ とがめる
▶ 無礼！無法者をとがめる。

1219 device /diváis/ ❶ 工夫 ❷ 装置
▶ で、倍するの？ 工夫した装置の値段。

1220 empire /émpaiər/ ❶ 帝国
▶ 縁いっぱいやこの帝国。

1214 consume（消費する） 1215 finance（財政）

1221 **ugly** /ágli/ ❶ 醜い

▶ あんぐり口を開けると醜い。

1222 **capture** /kǽptʃər/ ❶ 捕える

▶ キャップちゃ〜んと捕える。

ROUND 5 ● No.1221-1230

1223 guilty /gílti/ — ❶ 有罪の
▶ 偽(ギ)りて、有罪の。

1224 lecture /léktʃər/ — ❶ 講義する
▶ 令子(レイコ)ちゃんが講義する。

1225 sex /séks/ — ❶ 性
▶ セックスアピールで性の魅力を出す。

1226 alternative /ɔːltə́ːrnətiv/ — ❶ 代わりの
▶ オール棚(タナ)、一部(イチブ)代わりの使い方。

1227 toilet /tɔ́ilət/ — ❶ トイレ
▶ トイレットペーパーはトイレの必需品。

1228 brilliant /bríljənt/ — ❶ 光り輝く
▶ ブリリアン島(トウ)は光り輝く。

1229 elect /ilékt/ — ❶ 選ぶ
▶ えれぇ苦闘(クトウ)して選ぶ。

1230 remark /rimάːrk/ — ❶ 言う
▶ 「利(リ)、まあ苦(ク)がない程度だよ」と言う。

1223 guilt（罪） 1230 remarkable（注目すべき）

1231 false /fɔ́:ls/ ❶ 偽の

▶ 放るっす、偽のブランド品。

1232 transfer /trænsfə́:r/ ❶ 移す

▶ 通らんソファーを別の部屋に移す。

1233 theme /θíːm/ ❶ 主題
▶「死、忌む」ことが主題の映画。

1234 funeral /fjúːnərəl/ ❶ 葬式
▶ふぅ〜、寝られる、やっと葬式すんだ。

1235 delicious /dilíʃəs/ ❶ おいしい
▶デリしやすい、おいしいピザ。

1236 target /táːrɡet/ ❶ 目標
▶田、ゲットする目標。

1237 document /dɔ́kjəmənt/ ❶ 文書 ❷ 詳細に報道する
▶ドキュメント番組で文書をもとに詳細に報道する。

1238 companion /kəmpǽnjən/ ❶ 仲間 ❷ 付添い
▶コンパ2：4、仲間とその付添い。

1239 refugee /rèfjudʒíː/ ❶ 避難民
▶理不尽な避難民の扱い。

1240 meanwhile /míːnwàil/ ❶ その間に
▶見ん！ワイロはその間に渡せ。

1237 documentary（記録物）

1241 suspect /səspékt/ ❶ 疑う

▶ 察、ペコッとした人を疑う。

1242 emerge /imə́ːrdʒ/ ❶ 出てくる

▶ 今、アジが水面に出てくる。

1243 severe /sivíər/ ❶ 厳しい
▶ C、Bやぁ、厳しい判定やなぁ〜。

1244 bury /béri/ ❶ 埋める
▶ ベリーの種を埋める。

1245 detective /ditéktiv/ ❶ 探偵
▶ 出てくデブの探偵。

1246 register /rédʒistər/ ❶ 名簿 ❷ 登録する
▶ 0時スタート前に名簿に登録する。

1247 precious /préʃəs/ ❶ 貴重な
▶ プレーしやすい貴重な仲間。

1248 emotion /imóuʃən/ ❶ 感情
▶ いいモーションの投手は感情を出さない。

1249 conscious /kánʃəs/ ❶ 意識している
▶ 今師走、大学入試を意識している。

1250 oxygen /ɑ́ksidʒən/ ❶ 酸素
▶ 沖、自然に酸素が出る。

1242 emergency（緊急事態） 1246 registry（登録）

1251 flesh /fléʃ/ ❶ 肉づき

▶ フレッシュな肉づきのいい人。

1252 appreciate /əprí:ʃièit/ ❶ 感謝する

▶ 「あ、プリ市営(シエイ)！」と安いのを感謝する。

1253 remote /rimóut/ ❶ 遠く離れた
▶ リモートコントロールで遠く離れたものを動かす。

1254 constitution /kɔ̀nstitjúːʃən/ ❶ 憲法
▶ コーン捨て中止を定めた憲法。

1255 shelter /ʃéltər/ ❶ 避難所
▶ シェルターは地下の避難所。

1256 awake /əwéik/ ❶ 目覚めて
▶ アウェー行くと目覚めて戦うチーム。

1257 obey /oubéi/ ❶ 従う
▶ 王、米国に従う。

1258 cottage /kɔ́tidʒ/ ❶ 小さな家
▶ 固定、意地で守る小さな家。

1259 equivalent /ikwívələnt/ ❶ 同等の
▶ 生井、バレーうんと練習し同等のプレー。

1260 approve /əprúːv/ ❶ 是認する
▶ アップル、うぶな子食べるの是認する。

1254 constitute（構成する） 1260 approval（承認）

1261 twin /twín/ ❶ ふたご

▶ 通院(ツウイン)で判明したふたご。

1262 vegetable /védʒtəbl/ ❶ 野菜

▶ 米(ベイ)、爺食(ジイタ)べる野菜。

| 1263 | **charity** /tʃǽrəti/ | ❶ 慈善 |

▶ チャリティー公演は慈善事業。

| 1264 | **substance** /sʌ́bstəns/ | ❶ 中身 |

▶ サッ察、ブツ、タンスの中身から発見。

| 1265 | **devote** /divóut/ | ❶ 捧げる |

▶ デブ夫(オット)に操を捧げる。

| 1266 | **delight** /diláit/ | ❶ 大喜び |

▶ 地雷(ジライ ト)取り除いて大喜び。

| 1267 | **superior** /supíəriər/ | ❶ より優れた |

▶ すっぴんありや！より優れた素顔。

| 1268 | **earthquake** /ə́ːrθkwèik/ | ❶ 地震 |

▶ 明日救え(アス スク エ)！行く自衛隊が地震の現場へ。

| 1269 | **flag** /flǽg/ | ❶ 旗 |

▶ フラッグのあるところが旗頭(ハタ ガシラ)。

| 1270 | **glow** /glóu/ | ❶ 白熱する |

▶ 愚弄(グ ロウ)されると白熱する議論。

1264 substantial（実質の） 1266 delightful（うれしい）

1271 fold /fóuld/
❶ 折りたたむ

▶ 放(ホウ)るドーナツの箱を折りたたむ。

1272 harmony /háːrməni/
❶ 調和

▶ 鱧(ハモ)に梅で調和のとれた味に。

| 1273 | **consequence** /káːnsəkwèns/ | ❶ 結果 |

▶ 監視、救えんす！とは最悪の結果。

| 1274 | **concrete** /kánkriːt/ | ❶ 具体的な |

▶ コンクリートの具体的な調査。

| 1275 | **forgive** /fərgív/ | ❶ 許す |

▶ 帆をギブスに使うことを許す。

| 1276 | **bitter** /bítər/ | ❶ 苦い |

▶ ビターチョコは苦い。

| 1277 | **linguistic** /liŋgwístik/ | ❶ 言語の |

▶ 「リング−イス」近い言語の関係。

| 1278 | **drift** /dríft/ | ❶ 漂流する |

▶ ドリフと一緒に漂流する。

| 1279 | **conclude** /kənklúːd/ | ❶ 結論を下す |

▶ 勘狂うと間違った結論を下す。

| 1280 | **polite** /pəláit/ | ❶ 礼儀正しい |

▶ 「ぽっ。」ライトの礼儀正しいつけ方。

1273 consequently（結果的に）　1279 conclusion（終結）

1281 expose /ikspóuz/ ❶ さらす

▶ いかすポーズで裸をさらす。

1282 surround /səráund/ ❶ 囲む

▶ 「さあ、ラウンド開始！」とリングを囲む。

1283 circumstance /sə́ːrkəmstæ̀ns/ ❶ 状況
▶ さぁ、噛むスタンス、喧嘩直前の状況。

1284 district /dístrikt/ ❶ 地区
▶ 爺、独り苦闘して過疎地区を治める。

1285 divorce /divɔ́ːrs/ ❶ 離婚する
▶ でぶ、オスと離婚する。

1286 era /éərə/ ❶ 時代
▶ 選べる時代。

1287 midnight /mídnàit/ ❶ 真夜中
▶ ミッドナイトシアターは真夜中の番組。

1288 fossil /fɔ́sl/ ❶ 化石
▶ ほぉ、鋭い牙の化石。

1289 envelope /énvəlòup/ ❶ 封筒
▶ 縁部、ロープで縛った封筒。

1290 vital /váitəl/ ❶ 極めて重要な
▶ 婆、至る所で極めて重要な働き。

1281 exposition（博覧会）　1290 vitality（活気）

1291 army /ɑ́ːrmi/ ❶ 軍隊

▶ 網(アミ)にかかった軍隊。

1292 passion /pǽʃən/ ❶ 情熱

▶ パッション！と情熱ビンタ。

| 1293 | **fate** /féit/ | ❶ 運命 |

▶ 兵(ヘイ)とは戦う運命。

| 1294 | **editor** /édətər/ | ❶ 編集者 |

▶ 絵(エ)で助(タス)かる編集者。

| 1295 | **treaty** /tríːti/ | ❶ 条約 |

▶ 鳥(トリ)、一定(イッテイ)のものしか輸入できない条約。

| 1296 | **adapt** /ədǽpt/ | ❶ 適応させる |

▶ 艶(アデ)アップ！と化粧で適応させる。

| 1297 | **construct** /kənstrʌ́kt/ | ❶ 組み立てる |

▶ この巣(ス)、トラックとかで組み立てる。

| 1298 | **sacrifice** /sǽkrəfàis/ | ❶ 犠牲 |

▶ さっくり、ハイ、すぐ殺して犠牲を増やすゲーム。

| 1299 | **pursue** /pərsúː/ | ❶ 追求する |

▶ パスワードを使って追求する。

| 1300 | **stroke** /stróuk/ | ❶ 発作　❷ なでる |

▶ ストローくわえた発作は背中をなでる。

1293 fatal（致命的な）　1294 edit（編集する）

1301 **steady** /stédi/ ❶ しっかりした

▶ 数手でいい！しっかりした勝利まで。

1302 **assume** /əsúːm/ ❶ 〜だと思う

▶ 明日産むんだと思う。

| 1303 □□ **hire** /háiər/ | ❶ 雇う |

▶ ハイヤーの運転手を雇う。

| 1304 □□ **extraordinary** /ikstrɔ́ːrdənèri/ | ❶ 異常な |

▶ エキストラ、王子(オウジ)なりたいとは異常な野心。

| 1305 □□ **slave** /sléiv/ | ❶ 奴隷 |

▶ 数例(スウレイ)、無事(ブ)だった奴隷。

| 1306 □□ **myth** /míθ/ | ❶ 神話 |

▶ ミスギリシャが神話に。

| 1307 □□ **jail** /dʒéil/ | ❶ 刑務所 |

▶ ジェイルのいる刑務所。

| 1308 □□ **debate** /dibéit/ | ❶ 討議する |

▶ ディベートで討議する。

| 1309 □□ **priority** /praiɔ́rəti/ | ❶ 優先 |

▶ ぷらっ、伊織(イオリ)って散歩が優先。

| 1310 □□ **wage** /wéidʒ/ | ❶ 賃金 |

▶ 上(ウエ)、意地(イジ)悪で低賃金。

1302 assumption（仮定）　1305 slavery（奴隷制度）

1311 permanent /pɚ́ːrmənənt/ ❶ 永久の

▶ パーマネントは永久の髪型。

1312 attach /ətǽtʃ/ ❶ くっつける

▶ あたちと彼をくっつける？

1313 silly /síli/ ❶愚かな
▶ 尻(シリ)出す愚かな行為。

1314 complicated /kámpləkèitid/ ❶複雑な
▶ 還付、理系程度の知識がいる複雑(カンプリケイテイド)な計算。

1315 explode /iksplóud/ ❶爆発させる
▶ いかすプロ、銅(ドウ)像を一瞬で爆発させる。

1316 vision /víʒən/ ❶視力
▶ 美人(ビジン)は視力がいい。

1317 folk /fóuk/ ❶人々
▶ フォークを使う人々。

1318 institution /ìnstətjúːʃən/ ❶施設 ❷制度
▶ 犬(イヌ)捨て中止(チュウシ)よん！と保護施設を制度化。

1319 democracy /dimákrəsi/ ❶民主主義
▶ でも、暮(ク)らしいいのは民主主義。

1320 predict /prədíkt/ ❶予言する
▶「プレーで行(イ)く！」とプロ入りを予言する。

1315 explosion (爆発)　1316 visual (視覚の)

1321 entirely /entáiərli/ ❶ 全く

▶ <u>延</u>滞ありとは<u>全く</u>ありがたい。

1322 pretend /priténd/ ❶ ふりをする

▶ <u>プリッ</u>！天丼のエビは新鮮な<u>ふりをする</u>。

1323 colony /kɔ́ləni/ ❶ 植民地
▶ 航路に植民地を作る。

1324 justice /dʒʌ́stis/ ❶ 正義
▶ 「邪」捨て、スッと正義をかざす。

1325 grab /grǽb/ ❶ ひっつかむ
▶ グラブでボールをひっつかむ。

1326 channel /tʃǽnl/ ❶ 海峡
▶ チャンネル4が海峡封鎖を報じる。

1327 contest /kəntést/ ❶ 競う
▶ コンテストで優勝を競う。

1328 march /má:rtʃ/ ❶ 行進
▶ 街を行進。

1329 encounter /enkáuntər/ ❶ ～に(偶然)出会う
▶ 演歌、歌う人に偶然出会う。

1330 philosophy /fəlɔ́səfi/ ❶ 哲学
▶ ヒロ、「ソフィーの手紙」で哲学の勉強。

[1322] pretense (見せかけ)　[1330] philosopher (哲学者)

1331 potential /pəténʃəl/ ❶ 可能性のある

▶ ポテンしよる可能性のある選手。

1332 distinguish /distíŋgwiʃ/ ❶ 区別する

▶ 実際、天狗一緒ではないと人と区別する。

1333 vehicle /víːəkl/ ❶ 乗り物
▶ ビックリする乗り物。

1334 crack /krǽk/ ❶ 裂け目
▶ 苦楽(クラク)をともにしたズボンに裂け目。

1335 pray /préi/ ❶ 祈る
▶ プレー前に祈る。

1336 shame /ʃéim/ ❶ 恥
▶ 市営(シエイ)、無駄(ム)を指摘されるとは恥。

1337 colleague /káːliːg/ ❶ 同僚
▶ カリー、具(グ)を先に食べる同僚。

1338 due /djúː/ ❶ 正当な ❷ 支払われるべき
▶ ジュース代は正当な会費から支払われるべき。

1339 shy /ʃái/ ❶ 内気な
▶ シャイで内気な彼。

1340 mammal /mǽməl/ ❶ 哺乳動物
▶ ママある哺乳動物。

1331 potentiality（潜在能力） 1332 distinct（はっきりした）

1341 seize /síːz/ ❶ つかむ

▶ 静(シズ)かにつかむ。

1342 odd /ɔ́d/ ❶ 奇妙な

▶ 驚(オドロ)きの奇妙な技。

| 1343 | **generous** /dʒénərəs/ | ❶ 寛大な |

▶ 爺寝らす寛大な嫁。

| 1344 | **fascinating** /fǽsənèitiŋ/ | ❶ 魅力的な |

▶ ファ、シ、ねぇ点が魅力的な曲。

| 1345 | **panel** /pǽnəl/ | ❶ 審査員団 |

▶ パネルに審査員団の名を書く。

| 1346 | **intelligence** /intélidʒəns/ | ❶ 知能 |

▶ インテリ、自演する人を見破る知能。

| 1347 | **decade** /dékeid/ | ❶ 10年間 |

▶ でけ〜ど！10年間は。

| 1348 | **agriculture** /ǽgrikʌ̀ltʃər/ | ❶ 農業 |

▶ 亜久里、カルチャーショック受けた農業。

| 1349 | **temple** /témpl/ | ❶ 寺 |

▶ 天保時代の寺。

| 1350 | **cope** /kóup/ | ❶ 対処する |

▶ コープ伊豆、万引きに対処する。

1343 generously（気前よく）　1346 intelligent（理性的な）

1351 status /stéitəs/ ❶ 地位

▶ ステータスとは社会的地位のこと。

1352 compound /kɑ́mpaund/ ❶ 合成の

▶ このパウンドケーキは合成のもの。

1353 persuade /pərswéid/ ❶ 説得する
▶ パースへ移動するよう説得する。

1354 overcome /òuvərkˈʌm/ ❶ ～に打ち勝つ
▶ 大バカ、無理難題に打ち勝つ。

1355 convey /kənvéi/ ❶ 運ぶ
▶ コーン米国から運ぶ。

1356 anxious /ˈæŋkʃəs/ ❶ 心配な
▶ 暗記しやすくても心配なテスト。

1357 symptom /símptəm/ ❶ 徴候
▶ 新婦富むのは妊娠の徴候。

1358 assignment /əsáinmənt/ ❶ 宿題
▶ 浅井委員、面と向かって宿題拒否。

1359 chart /tʃɑ́ːrt/ ❶ 図表
▶ ちゃあっと図表を描く。

1360 yell /jél/ ❶ 大声をあげる
▶ エールの交換で大声をあげる。

1355 conveyor（運搬機）　1356 anxiety（心配事）

1361 annual /ǽnjuəl/ ❶ 年1回の

▶ 兄、ある年1回のイベントに出る。

1362 commercial /kəmə́ːrʃəl/ ❶ 商業の ❷ 宣伝広告

▶ コマーシャルは商業の 宣伝広告。

1363 chamber /tʃéimbər/ ❶ 部屋
▶ チェーンばかり集めた部屋。

1364 lung /lʌ́ŋ/ ❶ 肺
▶ ラング氏開発！人工の肺！

1365 wound /wúːnd/ ❶ 傷つける
▶ 運動中(ウンドウ)に傷つける。

1366 enormous /inɔ́ːrməs/ ❶ 巨大な
▶ 胃(イ)のますます巨大なギャル。

1367 leather /léðər/ ❶ 革
▶ レザーでできた革ジャン。

1368 accurate /ǽkjərət/ ❶ 正確な
▶ 秋売れ(アキウ)！と正確な株の情報。

1369 clerk /kláːrk/ ❶ 事務員
▶ クラークさんは事務員。

1370 index /índeks/ ❶ 索引
▶ インデックスで索引できる。

1366 enormously（莫大に） 1368 accuracy（正確）

1371 **fur** /fə́ːr/ ❶ 毛

▶ ふわぁ～っとした毛。

1372 **horrible** /hɔ́ːrəbl/ ❶ 恐ろしい

▶ ほら、坊(ボウ)さん恐ろしい。

ROUND 5 ● No.1371-1380

| 1373 | **nowadays** /náuədèiz/ | ❶ 今日では |

▶「ナウッ」「艶(アデ)」、いずれも今日では死語。

| 1374 | **continent** /kɑ́ntinənt/ | ❶ 大陸 |

▶コンチネンタル航空がつなぐ大陸。

| 1375 | **file** /fáil/ | ❶ 綴じ込む |

▶ファイルにして綴じ込む。

| 1376 | **rubbish** /rʌ́biʃ/ | ❶ くず |

▶ラビッシュ君がくずを拾う。

| 1377 | **incident** /ínsədənt/ | ❶ 出来事 |

▶印紙(インシ)、電灯(デントウ)で燃えた出来事。

| 1378 | **abandon** /əbǽndən/ | ❶ 見捨てる |

▶あぁ、晩(バン)、旦那(ダン)を見捨てる。

| 1379 | **dawn** /dɔ́ːn/ | ❶ 夜明け |

▶どぉーんよりした夜明け。

| 1380 | **classical** /klǽsikəl/ | ❶ 古典の |

▶蔵(クラ)しっかり、古典の生活。

1374 continental（大陸の）　1380 classic（古典）

1381 scholar /skɑ́:lər/ ❶ 学者

▶ 酢から何かを作る学者。

1382 charm /tʃɑ́:rm/ ❶ 魅力がある

▶ 茶は昔から魅力がある。

| 1383 | **column** /kάləm/ | ❶ 円柱 ❷ 縦列 |

▶ コラム記事は円柱の中に縦列で。

| 1384 | **slide** /sláid/ | ❶ 滑る |

▶ スライド式ドアは滑る。

| 1385 | **witness** /wítnəs/ | ❶ 目撃者 |

▶ 「宇井トネ」っす、目撃者は。

| 1386 | **territory** /térətɔ̀ːri/ | ❶ 領土 |

▶ テリトリーの向こうは他国の領土。

| 1387 | **notion** /nóuʃən/ | ❶ 考え |

▶ 脳、しょんぼりしちゃう考え。

| 1388 | **demonstrate** /démənstrèit/ | ❶ 証明する |

▶ デモ、ストレートに不満を証明する。

| 1389 | **tragedy** /trǽdʒədi/ | ❶ 悲劇 |

▶ トラ痔で悲劇。

| 1390 | **strain** /stréin/ | ❶ 緊張させる |

▶ スト連続で社長を緊張させる。

1381 scholarship（奨学金）　1389 tragic（悲劇的な）

1391 resist /rizíst/
❶ 抵抗する

▶ 理事(リジ)、イス取(ト)られることに抵抗する。

1392 laboratory /lǽbərətɔ̀ːri/
❶ 実験室

▶ ラバ、ラット、鳥(トリ)が実験室にいる。

1393 apparent /əpǽrənt/ — ❶ 明らかな
▶「アッパレ連投！」と明らかな誉め言葉。

1394 chase /tʃéis/ — ❶ 追いかける
▶ 智恵、イスを追いかける。

1395 republic /ripʌ́blik/ — ❶ 共和国
▶ 立派ぶり、苦しんだ共和国。

1396 peak /píːk/ — ❶ 頂上
▶ P君が頂上に到達。

1397 solid /sɔ́lid/ — ❶ 固体
▶ ソリ移動、固体の上。

1398 routine /ruːtíːn/ — ❶ 決まりきった仕事
▶ ローティーンは決まりきった仕事しかできない。

1399 pond /pɔ́nd/ — ❶ 池
▶ ポンドを池に落とした。

1400 psychology /saikɔ́lədʒi/ — ❶ 心理学
▶ サイコロ、実は心理学に必要。

1391 resistance（抵抗）　1393 apparently（明らかに）

1401 infant /ínfənt/ ❶ 幼児

▶ 医院(イイン)、不安(フアン)と幼児が泣く。

1402 urge /ə́ːrdʒ/ ❶ 駆り立てる

▶「あぁ、時間(ジ)がない！」と駆り立てる。

1403 eager /íːgər/ ❶ 熱望して
▶ いい**ガー**リックを熱望している。

1404 spill /spíl/ ❶ こぼす
▶ **スピル**バーグがこぼす。

1405 sympathy /símpəθi/ ❶ 同情
▶ 芯(シン)、パシッと折れて同情。

1406 alike /əláik/ ❶ 似ている
▶ 荒井(アライ)君(クン)に似ている。

1407 advertise /ǽdvərtàiz/ ❶ 広告する
▶ **アドバ**、絶(タ)えずテレビで広告する。

1408 quit /kwít/ ❶ やめる
▶ きっとやめる。

1409 teenager /tíːnèidʒər/ ❶ 10代
▶ ティーンエイジャーは13歳以上の10代。

1410 humor /hjúːmər/ ❶ おかしみ
▶ ユーモアたっぷり、おかしみのある語り。

[1402] urgent（緊急の）　[1407] advertisement（広告）

1411 impact /ímpækt/ ❶ 衝撃

▶ 犬(イヌ)パクッと噛んだ時の衝撃。

1412 rub /rʌ́b/ ❶ こする

▶ ラブラブなウサギが頬をこする。 ※ウサギ → rub

1413 cure /kjúər/ ❶ 治療する
▶ 急(キュウ)は困るが治療する。

1414 clay /kléi/ ❶ 粘土
▶ クレーコートは粘土質。

1415 drain /dréin/ ❶ 排出する
▶ 奴隷(ドレイ)が水を排出する。

1416 strict /stríkt/ ❶ 厳密な
▶ 数(スウ)通(トオ)り苦闘(クトウ)した厳密な計算。

1417 squeeze /skwíːz/ ❶ 絞る
▶ 数(スウ)クイズの答えを絞る。

1418 agent /éidʒənt/ ❶ 代理人
▶ 英(エイ)、ジェントルマンが代理人。

1419 sample /sǽmpl/ ❶ 見本
▶ サンプルとして見本を差し上げます。

1420 bet /bét/ ❶ 賭ける
▶ ベットがいくらで売れるか賭ける。

1416 strictly（厳格に）　1418 agency（代理店）

1421 convince /kənvíns/ ❶ 確信させる

▶ <u>コンビニ</u>すぐそばと確信させる。

1422 organize /ɔ́ːrɡənàiz/ ❶ 組織化する

▶ <u>王（オウ）がナイス</u>軍隊を組織化する。

| 1423 | **facility** | /fəsíləti/ | ❶ 設備 ❷ 施設 |

▶ 走(ハシ)りてぇ設備を備えた施設。

| 1424 | **insult** | /insʌ́lt/ | ❶ 侮辱する |

▶ 犬(イヌ)、サルとキジを侮辱する。

| 1425 | **initial** | /iníʃəl/ | ❶ 最初の |

▶ イニシャルは最初の文字。

| 1426 | **ban** | /bǽn/ | ❶ 禁止する |

▶ 晩(バン)の外出を禁止する。

| 1427 | **disorder** | /disɔ́ːrdər/ | ❶ 混乱 |

▶ 辞(ジ)す小田(オダ)のせいで会社は混乱。

| 1428 | **grammar** | /grǽmər/ | ❶ 文法 |

▶ グラマーな先生が文法を担当。

| 1429 | **wander** | /wɑ́ːndər/ | ❶ 歩き回る |

▶ 椀(ワン)だけ持って歩き回る。 ※歩き あるき→wander

| 1430 | **snap** | /snǽp/ | ❶ ポキンと折る |

▶ 砂(スナ)プッとかけ、ポキンと折る。

1422 organ（器官） organization（組織）

1431 defeat /difíːt/ ❶ 負かす

▶ 爺(ジイ)、ヒートして相手を負かす。

1432 academic /æ̀kədémik/ ❶ 学問的な

▶ アカデミックで学問的な雰囲気。

1433 restore /ristɔ́ːr/ ❶ 回復する
▶ リスとはすぐに回復する動物。

1434 confident /kάːnfədənt/ ❶ 確信して
▶ カンフー遺伝(イ デン)！と確信してる人。

1435 upper /ʌ́pər/ ❶ 上位の
▶ あっぱれ！上位の成績取るとは。

1436 breast /brést/ ❶ 胸
▶ ぶれ、すっと胸をなおす。

1437 compose /kəmpóuz/ ❶ 構成する
▶ このポーズで写真集を構成する。

1438 perspective /pərspéktiv/ ❶ 見通し
▶ パスすべく、一部(イチ ブ)先の見通し。

1439 sacred /séikrəd/ ❶ 神聖な
▶ 聖(セイ)クリド教会は神聖な。

1440 bull /búl/ ❶ 雄牛
▶ ブルファイターは雄牛のようだ。

1434 confidence（自信）　1437 composition（構成）

1441 recommend /rèkəménd/ ❶ 推薦する

▶ 令子、面倒だから適当に推薦する。

1442 extreme /ikstríːm/ ❶ 極端な

▶ いかす鳥、産む極端な大きさの卵。

1443 phenomenon /finɑ́mɪnən/ ❶ 現象
▶ 火のみ！何でも燃やす現象は。

1444 grasp /grǽsp/ ❶ つかむ
▶ グラス、プロは片手でつかむ。

1445 miracle /mírəkl/ ❶ 奇跡
▶ ミラクルガールが奇跡の優勝。

1446 perceive /pərsíːv/ ❶ ～だと気づく
▶ パー、渋柿だと気づく。

1447 curve /kə́ːrv/ ❶ 曲線
▶ カーブは曲線を描く。

1448 brand /brǽnd/ ❶ 商標
▶ ブランドは侵害できない商標。

1449 melt /mélt/ ❶ 溶ける
▶ なめると溶ける。

1450 reputation /rèpjətéɪʃən/ ❶ 評判
▶ 烈風って、一瞬で通り過ぎるとの評判。

1446 perception（知覚） 1450 repute（評する）

1451 hesitate /hézətèit/ ❶ ためらう

▶ 塀、実弟と覗くのをためらう。

1452 dull /dʌ́l/ ❶ 退屈な

▶ だるくて退屈な授業。

1453 broadcast /brɔ́:dkæ̀st/ ❶ 放送する
▶ 無礼度キャストランキングを放送する。

1454 stable /stéibl/ ❶ 安定した
▶ 巣、堤防で安定したビーバー。

1455 embrace /embréis/ ❶ 抱きしめる
▶ 縁？ 無礼？ すっと彼を抱きしめる。

1456 tension /ténʃən/ ❶ 緊張
▶ 天使、女で緊張。

1457 scared /skéərd/ ❶ おびえた
▶ 透け、「あ～、どうしよう」とおびえた女性。

1458 inhabitant /inhǽbətənt/ ❶ 住民
▶ 医院ハッピー！たんと住民が増えた。

1459 split /splít/ ❶ 割れ目 ❷ 裂く
▶ スプリットスカートの割れ目を裂く。

1460 statue /stǽtʃu:/ ❶ 像
▶ スター、チューするオスカー像。

1454 stabilize（安定させる）　1458 inhabit（住む）

1461 loose /lúːs/
❶ 締まりのない ❷ 緩んだ

▶ 留守(ルス)だと締まりのない、緩んだ子。

1462 numerous /njúːmərəs/
❶ 多数の

▶ ぬめらすと多数の菌が繁殖する。

1463 discrimination /dɪskrɪ̀mənéɪʃən/ ❶ 差別
▶ This栗、実ねぇっしょ！と差別。

1464 parliament /páːrləmənt/ ❶ 議会
▶ パー、ラメうんと付けて議会に行く。

1465 craft /kræft/ ❶ 技術
▶ 倉、埠頭に作る技術。

1466 prejudice /prédʒədəs/ ❶ 偏見
▶ プレーじゃ出過ぎ！との意見は偏見。

1467 sponsor /spɑ́nsər/ ❶ 後援者
▶ スポンサー3社が後援者。

1468 interrupt /ìntərʌ́pt/ ❶ さえぎる
▶ 犬、タラップ通る人をさえぎる。

1469 eliminate /əlímənèit/ ❶ 除去する
▶ エリ、見ねぇ！とチラシを除去する。

1470 innocent /ínəsənt/ ❶ 無罪の
▶ いいの? 戦闘で破壊しても無罪の戦争。

1461 loosen（緩める）　1470 innocence（無罪）

1471 instinct /ínstiŋkt/ ❶ 本能

▶ 犬、スッテン！苦闘しながら本能で立つ。

1472 anniversary /æ̀nəvə́ːrsəri/ ❶ 記念日

▶ 兄バッサリ髪を切った記念日。

| 1473 | **vanish** /vǽniʃ/ | ❶ 消える |

▶ 婆(バア)、西(ニシ)へ消える。

| 1474 | **portrait** /pɔ́ːrtreit/ | ❶ 縦長の ❷ 肖像画 |

▶ ぽぉ〜っと礼(レイ)とかしている縦長の 肖像画。

| 1475 | **ingredient** /ingríːdiənt/ | ❶ 成分 |

▶ 犬(イヌ)、グリーンで変(ヘン)！と調べた成分。

| 1476 | **estate** /estéit/ | ❶ 地所 |

▶ エステ伊藤(イトウ)の地所。

| 1477 | **cabin** /kǽbin/ | ❶ 小屋 |

▶ 木やビンをためこんだ小屋。

| 1478 | **dominant** /dɔ́mənənt/ | ❶ 支配的な |

▶ ド、ミ、なんとも支配的な音！

| 1479 | **atom** /ǽtəm/ | ❶ 原子 |

▶ アトムは原子の子。

| 1480 | **flame** /fléim/ | ❶ 炎 |

▶ フレームごと炎に包まれる。

1478 dominate（支配する）　1479 atomic（原子の）

1481 propose /prəpóuz/
❶ 申し出る ❷ 提案する

▶ プロポーズを申し出るよう提案する。

1482 altogether /ɔ̀ːltəgéðər/
❶ 全く

▶ おる時嫌だ！は全くダメな関係。

1483 satellite /sǽtəlàit/ ❶ 衛星
▶ さて、ライトを消して衛星を探そう。

1484 delicate /délikət/ ❶ 繊細な
▶ 出(デイ)入(リ)系(ケイ)統(トウ)は繊細な人に。

1485 gender /dʒéndər/ ❶ (人の)性
▶ ジェンダー論者が語る「性」。

1486 ashamed /əʃéimd/ ❶ 恥じている
▶ 足(アシ)M(エム)だと恥じている。

1487 classify /klǽsəfài/ ❶ 分類する
▶ 暮(ク)らし、ハイクラスに分類する。

1488 clip /klíp/ ❶ (クリップで)留める ❷ 刈る
▶ クリップで留める髪を刈る。

1489 budget /bʌ́dʒət/ ❶ 予算
▶ 婆(バア)、爺(ジイ)と予算を減らされる。

1490 filter /fíltər/ ❶ 濾過器
▶ フィルターの必要な濾過器。

[1481] proposal (申込み) [1484] delicacy (微妙なこと)

1491 adjust /ədʒʌ́st/ ❶ 調節する

▶ <u>あ、ジャスト</u>サイズに調節するといい！

1492 depart /dipáːrt/ ❶ 出発する

▶ <u>デパート</u>に出発する。

1493 label /léibəl/
❶ 貼り紙をする

▶「例、ベルの押し方」と貼り紙をする。

1494 withdraw /wiðdrɔ́ː/
❶ 撤回する

▶飢えず、泥を食べる案を撤回する。

1495 alter /ɔ́ːltər/
❶ 変える

▶折れたぁ〜！予定を変える。

1496 adequate /ǽdikwət/
❶ 十分な

▶「アジ食え！」とても十分なDHA。

1497 discount /dískaunt/
❶ 割引

▶ディスカウントショップで割引してもらう。

1498 palm /páːlm/
❶ ヤシ　❷ 手のひら

▶パームヤシを手のひらに乗せる。

1499 cruel /krúːəl/
❶ 残酷な

▶狂える残酷な殺人者。

1500 automatic /ɔ̀ːtəmǽtik/
❶ 自動の

▶大戸間地区には自動のドアしかない。

1492 departure（出発）　1499 cruelty（残酷さ）

派生語の作り方
接頭辞①

難しい英単語の多くは、語幹と接頭辞が組み合わされてできています。よく出る接頭辞の意味を覚えておくと、思い出す時のきっかけになります。

(1) con、com、co、col、cor は、「共に」の意味か「強め」
- □ contain　　含む
- □ compose　　組み立てる
- □ collect　　集める
- □ construct　　構築する
- □ coordinate　　同等の
- □ correspond　　一致する

(2) in、im、il、ir は、「反対」か「内、中」の意味
- □ incorrect　　間違った
- □ illegal　　非合法の
- □ income　　収入
- □ impossible　　不可能な
- □ irregular　　不規則な
- □ import　　輸入する

(3) ex、e、ef は、「外へ」の意味
- □ export　　輸出する
- □ effect　　効果
- □ emotion　　感情
- □ effort　　努力

(4) inter、enter は、「相互の」の意味
- □ international　　国家間の
- □ interview　　会見
- □ interaction　　相互作用
- □ entertain　　楽しませる

(5) un、dis がつくと、「反対」の意味になる
- □ unhappy　　不幸な
- □ unemployment　　失業
- □ dislike　　嫌う
- □ unbelievable　　信じられない
- □ unfold　　開く
- □ disorder　　混乱

(6) sub、suf、sus は、「下の」「隠れた」の意味
- □ subway　　地下鉄
- □ sufficient　　十分な
- □ submarine　　潜水艦
- □ suspect　　疑う

(7) re は、「後ろ」「再び」の意味
- □ reaction　　反応
- □ reform　　改革する
- □ recall　　思い出す
- □ replay　　再生する

(8) pre は、「先の」の意味
- □ prewar　　戦前の
- □ prelude　　前置き

COLUMN

ROUND 6

300
WORDS

【頻出度】
★

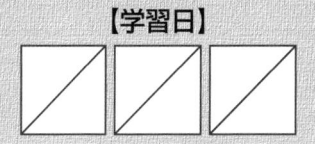

【学習日】

1501 ancestor /ǽnsestər/ ❶ 先祖

▶ 安政(アンセイ)スターは私の先祖。

1502 tide /táid/ ❶ 潮

▶ 鯛(タイ)、どうも潮の流れに弱い。

1503 dialogue /dáiəlɔ̀ːg/ ❶ 対話

▶ ダイヤ、6個買う対話。

1504 mobile /móubail/ ❶ 動きやすい

▶ モバイルフォンは軽くて動きやすい。

1505 primitive /prímətiv/ ❶ 原始的な

▶ プリ見て「ブー」と笑う原始的な人。

1506 enthusiasm /enθjúːziæ̀zm/ ❶ 熱中

▶ 演習！字、明日も熱中して覚える。

1507 liberty /líbərti/ ❶ 自由

▶ 利、威張って稼ぐのも自由。

1508 invasion /invéiʒən/ ❶ 侵入

▶ 印米、ジョン大佐が侵入。

1509 architecture /áːkətèktʃər/ ❶ 建築

▶ あぁ、規定くちゃくちゃ厳しい建築。

1510 inspire /inspáiər/ ❶ 吹き込む

▶ 因数πや！とウソを吹き込む。

1508 invade（侵略する）　1510 inspiration（霊感）

1511 triumph /tráiəmf/ ❶ 勝利

▶ トライ！アンフェアな勝利！

1512 bore /bɔ́ːr/ ❶ 穴を開ける ❷ うんざりさせる

▶ ボーリングの穴を開ける音がうんざりさせる。

1513 ruin /rúːin/ ❶ 破滅

▶ ルー、インチキばれ身の破滅。

1514 defend /difénd/ ❶ 防ぐ

▶ 地変動を察知して地震を防ぐ。

1515 trunk /trʌ́ŋk/ ❶ 幹

▶ トランクに詰めた木の幹。

1516 dye /dái/ ❶ 染める

▶ だいだい色に染める。

1517 globe /glóub/ ❶ 地球

▶ グローブで地球は捕まえられない。

1518 commit /kəmít/ ❶ 犯す ❷ 委託する

▶ 神と教会に犯す罪の裁きを委託する。

1519 accompany /əkʌ́mpəni/ ❶ 同行する

▶ アカン、パーに同行するのは。

1520 welfare /wélfèər/ ❶ 福祉

▶ 増える部屋は福祉のため。

1514 defense（防御） 1518 commission（委員会）

1521 treasure /tréʒər/ ❶ 宝物

▶ 取れ！じゃあ好きな宝物を！

1522 confirm /kənfə́ːrm/ ❶ 確かめる

▶ 来んハム業者に電話で確かめる。

ROUND 6 ● No.1521-1530

1523 supreme /suprí:m/ ❶ 最高の
▶ スープ、利(リ)産(ウ)む最高の味。

1524 mutual /mjú:tʃuəl/ ❶ 相互の
▶ 身(ミ)内(ウチ)ある人は相互の援助。

1525 ladder /lǽdər/ ❶ はしご
▶ ラダダダダァ〜と落ちたはしご。

1526 loan /lóun/ ❶ 貸し付ける
▶ ローンを貸し付ける。

1527 transform /trænsfɔ́:rm/ ❶ 変形させる
▶ 通(トオ)らん双(ソウ)方(ホウ)、無理に変形させる。

1528 option /ɔ́pʃən/ ❶ 選択
▶ オプションで選択。

1529 sufficient /səfíʃənt/ ❶ 十分な
▶ サーフィンしようと十分な波を待つ。

1530 parallel /pǽrəlèl/ ❶ 平行の
▶ パラレルターンは板を平行の状態で。

1521 treasury（公庫） 1529 sufficiently（十分に）

1531 outdoor /áutdɔ̀ːr/ ❶ 戸外の

▶ アウトドアーは戸外の活動。

1532 profession /prəféʃən/ ❶ (専門的)職業

▶ プロ増えしょんぼり、専門的職業。

1533 elderly /éldərli/ ❶ 年配の
▶ エルダリー夫人は年配の人。

1534 carriage /kǽridʒ/ ❶ 乗り物 ❷ 馬車
▶ 彼自慢(カレジ)の乗り物は馬車。

1535 evolution /ìːvəlúːʃən/ ❶ 進化
▶ いいボール使用(シヨウ)で進化する球技。

1536 shed /ʃéd/ ❶ 物置 ❷ こぼす
▶ 死、江戸(シエド)の人は物置で涙をこぼす。

1537 ambassador /æmbǽsədər/ ❶ 大使
▶ アン婆(バア)さんだ、大使は。

1538 luxury /lʌ́kʃəri/ ❶ 贅沢(品)
▶ 楽勝(ラクショウ)！ありったけの贅沢品をいただき！

1539 summit /sʌ́mit/ ❶ 頂上
▶ 「さみぃ〜」と言う頂上。

1540 genetic /dʒenétik/ ❶ 遺伝子の
▶ 侍医、寝て喰う(ジイネテク)遺伝子の発見。

[1532] professional（プロの）　[1540] gene（遺伝子）

1541 scatter /skǽtər/ ❶ ばらまく

▶ 好きやった子にチョコをばらまく。

1542 contemporary /kəntémpərèri/ ❶ 同時代の

▶ 寒天ポロリと落とす同時代の二人。

1543 romantic /roumǽntik/ ❶ 空想的な
▶ ロマンティックな彼は空想的な。

1544 drown /dráun/ ❶ 溺れ死ぬ
▶ 動(ドウ)乱(ラン)、運(ウン)なく溺れ死ぬ。

1545 ash /ǽʃ/ ❶ 灰
▶ 圧(アッ)縮(シュク)して灰をレンガに。

1546 reverse /rivə́ːrs/ ❶ 逆にする
▶ オートリバースは自動的に逆にする。

1547 useless /júːsləs/ ❶ 役に立たない
▶「優(ユウ)」すれすれでは役に立たない。

1548 brick /brík/ ❶ レンガ
▶ ブリっ子(コ)が積むレンガ。

1549 suck /sʌ́k/ ❶ 吸う
▶ 咲(サ)く花の蜜を吸う。

1550 outcome /áutkʌ̀m/ ❶ 結果
▶ アウトかも？と予想した結果。

1543 romance（恋愛関係） romanticist（ロマン主義者）

1551 sword /sɔ́ːrd/ ❶ 剣

▶ 騒動(ソウドウ)で剣を抜く。

1552 deserve /dizə́ːrv/ ❶ 〜に値する

▶ で、座布団(ザブトン)そのギャグに値するの?

| 1553 possess | /pəzés/ | ❶ 所有する |

▶ 坊主"S"が所有する寺。

| 1554 boundary | /báundəri/ | ❶ 境界線 |

▶ バウンドありがたく境界線を越える。

| 1555 ally | /əlái/ | ❶ 同盟する |

▶ あら、いい国なら同盟するわ。

| 1556 absolute | /ǽbsəlùːt/ | ❶ 絶対的な |

▶ あ、物騒！ルート絶対的な変更が必要。

| 1557 output | /áutpùt/ | ❶ 出力 |

▶ 「あ」「う」と「ぷ」とをプリンターで出力。

| 1558 apologize | /əpólədʒàiz/ | ❶ 謝る |

▶ あ、ポロッ、じゃいずれ謝る。

| 1559 margin | /máːrdʒin/ | ❶ 余白 |

▶ 魔人の落書きを余白に描く。

| 1560 rumor | /rúːmər/ | ❶ うわさ |

▶ ルーマニアに広がるドラキュアのうわさ。

1558 apology（謝罪） 1559 marginal（周辺的な）

1561 disturb /distə́ːrb/ ❶ 乱す

▶ 爺(ジイ)、スターぶって、コンサートを乱す。

1562 fantasy /fǽntəzi/ ❶ 空想

▶ ファンタジーは空想の世界。

| 1563 | **despair** /dispéər/ | ❶ 絶望 |

▶ 爺、スペアは絶望。

| 1564 | **steep** /stíːp/ | ❶ 急勾配の |

▶ スッチー1分で登る急勾配の坂。

| 1565 | **review** /rivjúː/ | ❶ 見直し |

▶ 李、ビューっと見直し。

| 1566 | **pavement** /péivmənt/ | ❶ 舗道 |

▶ 平部面塗装してある舗道。

| 1567 | **shallow** /ʃǽlou/ | ❶ 浅い |

▶ 死、あろう。浅い海でも。

| 1568 | **bless** /blés/ | ❶ 祝福する |

▶ ブレスレットを贈り祝福する。

| 1569 | **cliff** /klíf/ | ❶ 崖 |

▶ クリフが落ちた崖。

| 1570 | **punish** /pʌ́niʃ/ | ❶ 罰する |

▶ パーに主犯させることを罰する。

[1562] fantastic（空想的な） [1563] desperate（絶望的な）

1571 arrow /ǽrou/ ❶ 矢

▶ あろうことか矢が刺さった。

1572 absorb /əbsɔ́ːrb/ ❶ 吸収する

▶ あ、部、創部で生徒を吸収する。

1573 interpret /intə́ːrprət/ ❶ 通訳する
▶ 院、たっぷりと練習で通訳する。

1574 error /érər/ ❶ 誤り
▶ エラーはグローブの使い方の誤り。

1575 molecule /mɑ́likjuːl/ ❶ 分子
▶ 漏れ狂う分子の計算。

1576 moral /mɔ́ːrəl/ ❶ 道徳
▶ モラルのない若者に道徳を教える。

1577 barrier /bǽriər/ ❶ 障害 ❷ 柵
▶ バリアーとなっている障害の柵。

1578 critic /krítik/ ❶ 批評家
▶ 栗チクチク痛いと批評家。

1579 slope /slóup/ ❶ 傾斜
▶ スロープは車イス用の傾斜。

1580 assembly /əsémbli/ ❶ 集会
▶ 斡旋ぶりの激しい集会。

1578 criticize（批判する） 1580 assemble（集める）

1581 nonsense /náːnsens/ ❶ 無意味なことば

▶ ナンセンスなギャグは無意味なことば。

1582 flexible /fléksəbl/ ❶ 柔軟な

▶ 振れ！クソボール、柔軟な打撃で。

| 1583 | **blade** | /bléid/ | ❶ 刃 |

▶ 無礼度(ブレイド)がすぎると刃で切られる。

| 1584 | **executive** | /egzékjətiv/ | ❶ 管理職 |

▶ 「駅税(エキゼイ)、苦(ク)！」って、部長と管理職が言う。

| 1585 | **landscape** | /lǽndskèip/ | ❶ 景色 |

▶ ランどう？ すげえいっぱいある景色。

| 1586 | **destination** | /dèstənéiʃən/ | ❶ 目的地 |

▶ 弟子(デシ)、丁寧(テイネイ)に使用(シヨウ)。ナビで目的地へ。

| 1587 | **virtue** | /vɚ́ːrtʃuː/ | ❶ 美徳 |

▶ 婆(バア)、中学生(チュウ)に美徳を教える。

| 1588 | **cease** | /síːs/ | ❶ やめる |

▶ 死(シ)、イスでやるのはやめる。

| 1589 | **suicide** | /súːəsàid/ | ❶ 自殺 |

▶ 吸う(ス)、再度(サイド)の自殺。

| 1590 | **immigrant** | /ímigrənt/ | ❶ 移民 |

▶ 意味(イミ)ぐら～んと歪(ユガ)む移民の言葉。

1584 execute（実行する）　1586 destiny（宿命）

1591 spoil /spɔ́il/ ❶ だめにする

▶ スープ、オイルでだめにする。

1592 illusion /ilúːʒən/ ❶ 錯覚

▶ いるじゃん！とは錯覚。

1593 cupboard /kʌ́bərd/ ❶ 食器棚
▶ カバっと食器棚を開ける。

1594 tremendous /triméndəs/ ❶ 巨大な
▶ 通り面出す巨大な看板。

1595 suspend /səspénd/ ❶ 吊るす ❷ 一時停止する
▶ サスペンダーで吊るすと、ずり落ちるのが一時停止する。

1596 marine /məríːn/ ❶ 海の
▶ マリーンちゃんは海の子。

1597 sensation /sənséiʃən/ ❶ 感覚
▶ 先生！しょん便漏れそうな感覚。

1598 primary /práimèri/ ❶ 第一の
▶ プラ、今、李くんの第一の趣味。

1599 artificial /ùːrtəfíʃəl/ ❶ 人工の
▶ あっち必死！ある人工の素材開発。

1600 consent /kənsént/ ❶ 同意する
▶ 混線解いてもらうことに同意する。

1595 suspense（宙ぶらりん） 1598 prime（主要な）

1601 opponent /əpóunənt/ ❶ 相手

▶ 尾(オ)っぽを念頭(ネントウ)に相手と戦う。

1602 descend /disénd/ ❶ 降りる

▶ 実践(ジッセン)！どうやって降りるか。

| 1603 | **carve** /kɑ́ːrv/ | ❶ 彫る |

▶ <u>カーブ</u>をなめらかに彫る。

| 1604 | **cheat** /tʃíːt/ | ❶ だます |

▶ <u>ちいと</u>彼をだます。

| 1605 | **analyze** /ǽnəlàiz/ | ❶ 分析する |

▶ <u>あ、奈良・伊豆</u>の事件を分析する。

| 1606 | **decline** /dikláin/ | ❶ 衰える |

▶ <u>でこライン</u>が衰える。

| 1607 | **approximately** /əprɑ́ksəmətli/ | ❶ およそ |

▶ <u>あ、プロ棋士、面取り</u>およそ完成！

| 1608 | **plead** /plíːd/ | ❶ 懇願する |

▶ <u>プリいい?</u> どうか一緒に！と懇願する。

| 1609 | **employ** /emplɔ́i/ | ❶ 雇用する |

▶ <u>Mプロ</u>、いっぱい雇用する。

| 1610 | **imply** /implái/ | ❶ ほのめかす |

▶ <u>委員</u>、プライドをほのめかす。

1605 analyst（分析者） 1609 employee（雇われ人）

1611 intellectual /ìntəléktʃuəl/ ❶ 知的な

▶ イン**テリ**、口悪いが知的な人。

1612 inquire /inkwáiər/ ❶ 尋ねる

▶ **イン**コは嫌？ と尋ねる店員。

ROUND 6 ● No.1611-1620

1613 tremble /trémbl/ ❶ 震える
▶ 通(トオ)れん！暴(ボウ)走族に震える。

1614 abstract /ぁbstrǽkt/ ❶ 抽象的な
▶ あ、ブス、トラックと似ているとは抽象的な。

1615 vertical /və́ːrtikəl/ ❶ 垂直の
▶ バーって軽(カル)いと垂直の浮き方になる。

1616 bullet /búlət/ ❶ 銃弾
▶ ぶれ、飛(ト)んで来た銃弾。

1617 crawl /krɔ́ːl/ ❶ 這う
▶ クロールは這(ハ)うような泳ぎ方。

1618 mess /més/ ❶ 乱雑
▶ 雌(メス)ネコがいる部屋は乱雑。

1619 splendid /spléndid/ ❶ 素晴らしい
▶ スープ売れんで井戸(ウ)水(イド)使うとは素晴らしい。

1620 mechanical /məkǽnikəl/ ❶ 機械的な
▶ メカに軽(カル)く機械的な作業をさせる。

1611 intellect（知性）　1620 mechanism（仕組み）

1621 surgeon /sə́ːrdʒən/ ❶ 外科医

▶ さぁ、ジョンを外科医に診てもらおう。

1622 dignity /dígnəti/ ❶ 威厳

▶ 19にて、威厳はない。

| 1623 | **overall** | /óuvərɔ̀:l/ | ❶ 全部の |

▶ <u>おば折る</u>全部の骨。

| 1624 | **interfere** | /ìntərfíər/ | ❶ 邪魔をする |

▶ <u>インター冬嫌</u>！雪が車の邪魔をする。

| 1625 | **petrol** | /pétrəl/ | ❶ ガソリン |

▶ <u>ぺとぺとロール紙</u>についたガソリン。

| 1626 | **geography** | /dʒiɔ́grəfi/ | ❶ 地理学 |

▶ <u>地をグラフ1個</u>で表す地理学。

| 1627 | **ritual** | /rítʃuəl/ | ❶ 儀式 |

▶ <u>立駐</u>ある会場でやる儀式。

| 1628 | **cage** | /kéidʒ/ | ❶ おり |

▶ <u>刑事</u>が気にするおり。

| 1629 | **lump** | /lʌ́mp/ | ❶ かたまり |

▶ <u>ランプ</u>のかたまり。

| 1630 | **fancy** | /fǽnsi/ | ❶ 空想 |

▶ <u>ファン</u>、したい空想。

[1621] surgery（外科） [1622] dignify（威厳をつける）

1631 thread /θréd/ ❶ 糸

▶ 擦れども切れない糸。

1632 faint /féint/ ❶ かすかな

▶ フェイントはかすかな動き。

1633 scheme /skíːm/ ❶ 計略
▶ スキー無理に彼女を誘う計略。

1634 cruise /krúːz/ ❶ 巡航する
▶ クルーズ船が2時間おきに巡航する。

1635 boil /bɔ́il/ ❶ 沸かす
▶ ボイラーで湯を沸かす。

1636 crucial /krúːʃəl/ ❶ 決定的な
▶ 来る、仰る決定的な一言。

1637 rent /rént/ ❶ 賃借する
▶ 0円と知り、賃借する。

1638 pardon /páːrdn/ ❶ 許す
▶ パーどんな答えでも許す。

1639 horizon /həráizn/ ❶ 地平線
▶ ほら、いい！存分に見える地平線。

1640 decent /díːsnt/ ❶ 見苦しくない
▶ 爺さんとデート、でも見苦しくない。

1637 rental（賃貸料）

1641 consult /kənsʌ́lt/ ❶ 相談する

▶「来ん」「去る」と彼氏のことを相談する。

1642 nasty /nǽsti/ ❶ いやな

▶茄子(ナス)ティーはいやな味。

1643 client /kláiənt/ — ❶ 依頼人
▶ 暗(クラ)いやん！と依頼人。

1644 candidate /kǽndədèit/ — ❶ 候補者
▶ キャンディー、デートの候補者に。

1645 weave /wíːv/ — ❶ 織る
▶ 宇井(ウイ)、イブのマフラーを織る。

1646 launch /lɔ́ːntʃ/ — ❶ 発射する
▶ ローン中(チュウ)のロケットを発射する。

1647 category /kǽtəgɔ̀ːri/ — ❶ 部門
▶ 買(カ)って！ゴリゴリ営業する部門。

1648 resident /rézədənt/ — ❶ 居住者
▶ 礼(レイ)、維持(イジ)。伝統(デントウ)守る居住者。

1649 guarantee /gæ̀rəntíː/ — ❶ 保証
▶ ギャラ、うんていいことを保証。

1650 polish /pɑ́liʃ/ — ❶ 磨く
▶ ポリッ！シュッシュッと食べたら磨く。

1641 consultant (相談相手)　1648 residence (住居)

1651 considerable /kənsídərəbl/ ❶ かなりの

▶ 監視、だらっ、ぼぉ〜！とかなりの油断。

1652 magnificent /mǽgnífəsənt/ ❶ 壮大な

▶ まぁ、具にはさんだ壮大な食材。

| 1653 | **revenue** /révənjù:/ | ❶ 収入 |

▶ <ruby>礼<rt>レイ</rt></ruby>、<ruby>米<rt>ベイ</rt></ruby>に言う、収入増えた日本。

| 1654 | **fetch** /fétʃ/ | ❶ 取ってくる |

▶ <ruby>笛<rt>フエ</rt></ruby><ruby>違<rt>チガ</rt></ruby>えて、取ってくる。

| 1655 | **component** /kəmpóunənt/ | ❶ 構成要素 |

▶ <ruby>梱<rt>コン</rt></ruby><ruby>包<rt>ボウ</rt></ruby><ruby>念<rt>ネン</rt></ruby><ruby>頭<rt>トウ</rt></ruby>において構成要素を決める。

| 1656 | **corporation** /kɔ̀:rpəréiʃən/ | ❶ 法人 |

▶ コーポ<ruby>冷<rt>レイ</rt></ruby><ruby>笑<rt>ショウ</rt></ruby>、豪華社宅の法人。

| 1657 | **maximum** /mǽksəməm/ | ❶ 最大限 |

▶ まぁ、きしまんなら最大限乗せよう。

| 1658 | **virtually** /vɚ́:rtʃuəli/ | ❶ 事実上 |

▶ <ruby>婆<rt>バア</rt></ruby>、チューありなのは事実上きつい。

| 1659 | **via** /ví:ə/ | ❶ ～経由で |

▶ ビアは酒屋経由で。

| 1660 | **secondary** /sékəndèri/ | ❶ 第2位の |

▶ セカンド<ruby>李<rt>リ</rt></ruby>、リーグ第2位の選手。

1651 considerably（かなり） 　　1658 virtual（仮想の）

1661 insurance /inʃúərəns/ ❶ 保険

▶ 飲酒払わんす、保険。

1662 forecast /fɔ́ːrkæst/ ❶ 予報

▶ 頬貸すと、湿り具合で天気の予報。

1663 nightmare /náitmèər/ ❶ 悪夢
▶ 内藤、目開けて見た悪夢。

1664 exclude /iksklú:d/ ❶ 締め出す
▶ 戦、クルド人を締め出す。

1665 venture /véntʃər/ ❶ 危険を冒して行なう ❷ 投機
▶ べんちゃらで危険を冒して行なう 投機。

1666 convert /kənvə́:rt/ ❶ 変える
▶ 今晩と明晩はおかずを変える。

1667 circuit /sə́:rkət/ ❶ 巡回
▶ さっきと同じところを巡回。

1668 sweep /swí:p/ ❶ 掃除する
▶ 吸いイイ、プロ用の掃除機で掃除する。

1669 storage /stɔ́:ridʒ/ ❶ 貯蔵
▶ 酢と瓜じゃ貯蔵しやすい。

1670 pose /póuz/ ❶ 姿勢 ❷ 〜を引き起こす
▶ ポーズ悪い姿勢は腰痛を引き起こす。

1664 exclusively（排他的に） 1669 store（蓄える）

1671 correspond /kɔ̀rispɔ́nd/ ❶ 一致する

▶ これスッポンだ！形が一致する。

1672 faculty /fǽkəlti/ ❶ 能力

▶ 墓(ハカ)ある！って、探し出す能力。

ROUND 6 ● No.1671-1680

1673 accommodation /əkɔ̀mədéiʃən/ ❶ 宿泊
▶ あくまで一緒と家族で宿泊。

1674 ultimate /ʌ́ltəmət/ ❶ 究極の
▶ ある地名問う、究極の質問。

1675 innovation /ìnəvéiʃən/ ❶ 革新 ❷ 新技術
▶ いいのぉ〜、米使用の革新の新技術。

1676 cite /sáit/ ❶ 引用する
▶ サイトから論文を引用する。

1677 hypothesis /haipɑ́:θəsis/ ❶ 仮説
▶ ハイパー査察官の仮説はすごい。

1678 random /rǽndəm/ ❶ 手当たり次第の
▶ 乱打、無駄に手当たり次第の攻撃。

1679 mild /máild/ ❶ 穏やかな
▶ マイルドで穏やかな性格。

1680 decorate /dékərèit/ ❶ 飾る
▶ でこ、冷凍みかんで飾る。

1671 correspondent（通信員）　1673 accommodate（宿泊させる）

1681 sequence /síːkwəns/ ❶ 順序 ❷ 連続

▶ 飼育、「ワン」。すぐに順序よく連続でいう。

1682 resemble /rizémbl/ ❶ ～に似ている

▶ 瓜、全部うり坊に似ている。

1683 ambitious /æmbíʃəs/ ❶ 大志を抱いている
▶ あの美医者っす！大志を抱いているのは。

1684 senator /sénətər/ ❶ 上院議員
▶ セナター上院議員。

1685 county /káunti/ ❶ 郡
▶ カー運転禁止の郡。

1686 chairman /tʃéərmən/ ❶ 議長
▶ チェアー満足した議長。

1687 Internet /íntərnèt/ ❶ インターネット
▶ 「犬、田、ネット」をインターネットで検索する。

1688 investigate /invéstəgèit/ ❶ 調査する
▶ 印米、スッチー、ゲートで調査する。

1689 breed /bríːd/ ❶ 産む
▶ ブリ、移動しながら卵を産む。

1690 inn /ín/ ❶ 宿屋
▶ インドの宿屋。

1682 resemblance（類似） 1683 ambition（大望）

1691 conservative /kənsə́ːrvətiv/ ❶ 保守的な

▶ 缶(カン)サバってば、保守的な食べ物。

1692 scarcely /skéərsli/ ❶ ほとんど〜ない

▶ 透(ス)けやすい！ほとんど着てないも同じ。

1693 domestic /dəméstik/ ❶ 国内の
▶ どうもエステ行くのは国内の店になる。

1694 diversity /daivə́ːrsəti/ ❶ 多様性
▶ 台場(ダイバ)シティーは多様性に富んでいる。

1695 optimistic /ɔ̀ːptəmístik/ ❶ 楽観主義の
▶ おっぽって、見捨て行く(ミステイ)とは楽観主義の。

1696 biology /baiɔ́lədʒi/ ❶ 生物学
▶ 倍(バイ)を路地(ロジ)栽培。生物学のおかげ。

1697 moderate /mɑ́ːdərət/ ❶ 穏やかな
▶ 「まぁ、誰(ダレ)?」と穏やかな驚き。

1698 reform /rifɔ́ːrm/ ❶ 改革する
▶ リフォーム会社を改革する。

1699 sorrow /sɔ́ːrou/ ❶ 悲しみ
▶ 揃う(ソロウ)親戚、深い悲しみ。

1700 ecology /ekɑ́lədʒi/ ❶ 生態学
▶ ええ子、路地(ロジ)で生態学の勉強。

1692 scarce (不足して)　1695 optimism (楽観主義)

1701 reject /rɪdʒékt/ ❶ 拒絶する

▶ 理事(リジ)、食うと支払いを拒絶する。

1702 fee /fíː/ ❶ 料金

▶ ひぃー！高い料金だな。

1703 prefecture /príːfektʃər/ ❶ 県

▶ プリ、風営区中は禁止の県。

1704 proportion /prəpɔ́ːrʃən/ ❶ 割合

▶ プロポーションはくびれの割合で決まる。

1705 entertain /èntərtéin/ ❶ 楽しませる

▶ 宴、他店より楽しませる。

1706 resume /rizúːm/ ❶ 再び始める

▶ 理詰めの会議を再び始める。

1707 federal /fédərəl/ ❶ 連邦の

▶ 塀出られる連邦の国。

1708 sector /séktər/ ❶ 分野

▶ 急くたぁ、忙しい分野。

1709 administration /ədmìnəstréiʃən/ ❶ 行政機関 ❷ 管理

▶ あ、どミニ、ストレート使用を行政機関が管理。

1710 interaction /ìntəræk ʃən/ ❶ 相互作用

▶ インター開く！使用する車との相互作用。

1705 entertainment（娯楽）　1710 interactive（互いに影響し合う）

1711 mist /míst/ ❶ かすみ

▶ 身スッと翻し、かすみのように消える。

1712 dispute /dispjúːt/ ❶ 口論する

▶ 辞すプーと店長が口論する。

1713 statistics /stətístiks/ ❶ 統計
▶ スターって素敵ッス！もてるとの統計。

1714 resolve /rizɔ́:lv/ ❶ 決める
▶ 利増分で返そうと決める。

1715 neglect /niglékt/ ❶ 無視する
▶ 2位ぐれぇ、「クッ」と笑って無視する。

1716 legislation /lèdʒisléiʃən/ ❶ 立法
▶ 0時連れション禁止の立法。

1717 submit /səbmít/ ❶ 提出する
▶ さぁ、部認めて！と書類を提出する。

1718 internal /intə́:rnəl/ ❶ 内部の
▶ 医院、棚、ある内部の秘密。

1719 bind /báind/ ❶ 縛る
▶ 婆、インド人の泥棒を縛る。

1720 assure /əʃúər/ ❶ 保証する
▶ 明日は仕事を保証する。

1715 negligence（怠慢）　1720 assurance（保証）

1721 frighten /fráitn/
❶ 怖がらせる

▶ フライ、とんでもなく高く怖がらせる。

1722 means /míːnz/
❶ 手段

▶ 身、印税(ミ、インゼイ)で立てる手段。

ROUND 6 ● No.1721-1730

1723 contrary /kɑ́ntrèri/ ❶ 反対
▶ 関東(カントウ)ラリーに地元が反対。

1724 conquer /kɑ́ŋkər/ ❶ 征服する
▶ 来(コ)んかぁ？ 征服する人。

1725 liberal /líbərəl/ ❶ 自由主義
▶ リベラルは自由主義のこと。

1726 ensure /enʃúər/ ❶ 確実にする
▶ 演習(エンシュウ)は成績アップを確実にする。

1727 precise /prisáis/ ❶ 正確な
▶ プリ、採寸(サイスン)は正確な方がいい。

1728 offense /əféns/ ❶ 違反
▶ お、フェンスに違反ポスター。

1729 session /séʃən/ ❶ 会期
▶ 折衝(セッショウ)うんとする会期。

1730 depression /dipréʃən/ ❶ 意気消沈
▶ デップ、裂傷(レッショウ)を負い意気消沈。

1728 offend（不快にする） offensive（攻撃の）

1731 relevant /réləvənt/ ❶ 関連のある

▶ れれっ? 番頭さんと関連のある人?

1732 rural /rúərəl/ ❶ 田舎の

▶ ルールある田舎の町。

1733 click /klík/
❶ カチッと音がする

▶ クリックするとカチッと音がする。

1734 impose /impóuz/
❶ ～を課す

▶ 犬(イヌ)、ポーズ、「ワン！」を課す。

1735 miserable /mízərəbl/
❶ みじめな

▶ 身銭(ミゼニ)、ラブホで稼ぐとはみじめな女。

1736 retain /ritéin/
❶ 持ち続ける

▶ 利点(リテン)を持ち続ける。

1737 exhibit /igzíbit/
❶ (公然と)示す

▶ 意気地(イクジ)「ビッ」と示す。

1738 digest /daidʒést/
❶ 消化する ❷ よく理解する

▶ 大事(ダイジ)です！と消化する大切さをよく理解する。

1739 pension /pénʃən/
❶ 年金

▶ ペン使用(シヨウ)する年金の申請。

1740 enterprise /éntərpràiz/
❶ 企業

▶ 円(エン)たぁ〜っぷり、会津(アイヅ)の企業。

1735 misery（みじめさ） 1737 exhibition（展示会）

1741 scope /skóup/ ❶ 範囲

▶ スコップで掘り、範囲を広げる。

1742 genuine /dʒénjuin/ ❶ 本物の

▶ 爺（ジイ）、入院（ニュウイン）した本物の病気。

ROUND 6 ● No.1741-1750

1743 headache /hédèik/ ❶ 頭痛
▶ 屁でいくらかは治まる頭痛。

1744 sweat /swét/ ❶ 汗
▶ スウェットスーツで汗をかく。

1745 spectacle /spéktəkl/ ❶ 光景 ❷ 眼鏡
▶ スペクタクルな光景を見る眼鏡。

1746 distract /distrǽkt/ ❶ そらす
▶ 痔、スッと楽となる薬で気をそらす。

1747 imitate /ímətèit/ ❶ まねをする
▶ 胃、見ていい？ と医者のまねをする。

1748 initiative /iníʃətiv/ ❶ 独創力
▶ 胃にシアチブという独創力ある薬。

1749 bid /bíd/ ❶ 値をつける
▶ 美、どうやって値をつける？

1750 cabinet /kǽbənət/ ❶ 内閣
▶ キャビネットのある内閣の部屋。

1743 stomachache（腹痛）　1747 imitation（模倣）

1751 proof /prúːf/ ❶ 証拠

▶「プルッ、うふっ」はお姉系の証拠。

1752 fundamental /fʌ̀ndəméntəl/ ❶ 基本の

▶ 不安だ。メンタルなどの基本の点。

1753 prospect /prɑ́spekt/ ❶ 見込み
▶ プロ失敗、苦闘する見込み。

1754 attorney /ətə́ːrni/ ❶ 弁護士
▶ 後に控える弁護士。

1755 assess /əsés/ ❶ 査定する
▶ 汗吸うシャツを査定する。

1756 abuse /əbjúːz/ ❶ 乱用する
▶ あ、ビュー！ずるい手段で電車を乱用する。

1757 distinction /distíŋkʃən/ ❶ 区別
▶ 字数、点、苦心して合否を区別。

1758 convention /kənvénʃən/ ❶ 慣習
▶ コンビ、宴しようとは年末の慣習。

1759 external /ekstə́ːrnəl/ ❶ 外部の
▶ "X"とはなるほど外部の文字。

1760 expire /ekspáiər/ ❶ 満了する ❷ 吐き出す
▶ 駅、「失敗や！」と満了する定期券にため息を吐き出す。

1755 assessment（評価） 1757 distinctive（特有の）

1761 reckon /rékən/ ❶ 数える ❷ 見なす

▶ 霊魂数えると、3体と見なす。

1762 awkward /ɔ́ːkwərd/ ❶ ばつの悪い

▶ 多くはどうも偽物とばれ、ばつの悪い。

1763 collapse /kəlǽps/ ❶ 崩壊する
▶ こらっ！プスッとやると崩壊するぞ。

1764 deposit /dəpάːzət/ ❶ 預金 ❷ 預ける
▶ 出っ歯、じっと貯めた預金を預ける。

1765 entitle /entáitl/ ❶ 資格を与える
▶ 円、鯛取る資格を与える。

1766 inflation /infléiʃən/ ❶ 膨張
▶ インフレーションで値段が膨張。

1767 acknowledge /əknάlidʒ/ ❶（事実であると）認める
▶ 開くの0時と店が認める。

1768 draft /drǽft/ ❶ 下書き
▶ ドラフト選手の名前を下書きする。

1769 regime /rəʒíːm/ ❶ 政権 ❷ 体制
▶ 0時、忌むべき政権 体制が崩壊。

1770 poll /póul/ ❶ 投票
▶ ポールは毎回投票している。

1766 inflate（ふくらませる）　1767 acknowledgement（受領証）

1771 passive /pǽsiv/ ❶ 受動的な

▶ パス、渋々(シブ)受けるとは受動的な。

1772 pity /píti/ ❶ 哀れみ

▶ ピチピチはねる魚に哀れみ。

1773 dismiss /dismís/ — ❶ 解雇する
▶ 辞す。ミスで解雇するのとは違う。

1774 obligation /ɔ̀bligéiʃən/ — ❶ 義務
▶ 大降り、芸者は客に傘さす義務。

1775 penalty /pénəlti/ — ❶ 刑罰 ❷ 罰金
▶ ペナルティーとして刑罰と罰金を科す。

1776 temporary /témpərèri/ — ❶ 一時的な
▶ 店舗ラリーは一時的な企画。

1777 restrict /ristríkt/ — ❶ 制限する
▶ リス取り行くところを制限する。

1778 yield /jíːld/ — ❶ 生む
▶ 要る！どん欲さが新しい物を生む。

1779 invest /invést/ — ❶ 投資する
▶ 医院、ベストの設備に投資する。

1780 undertake /ʌ̀ndərtéik/ — ❶ 引き受ける
▶ 安藤って、いい子ならうちで引き受けるよ。

1774 oblige（強いる）　1779 investment（投資）

1781 disappoint /dìsəpɔ́int/ ❶ 失望させる

▶ 実際(ジッサイ)ポイントなく失望させる。

1782 distribute /distríbjuːt/ ❶ 分配する

▶ 爺(ジイ)、ひとり分(ブン)取(ト)り分配する。

1783 rear /ríər/ ❶ 後ろ ❷ 育てる
▶ リヤカーの後ろで子どもを育てる。

1784 infection /infékʃən/ ❶ 感染
▶ 犬増え、苦心する感染対策。

1785 plot /plót/ ❶ 陰謀 ❷ 謀る
▶ プロと陰謀を謀る。

1786 agenda /ədʒéndə/ ❶ 議事事項
▶ 唖然だ！この議事事項。

1787 core /kɔ́ːr/ ❶ 芯
▶ こわぁ～いリンゴの芯。

1788 logic /lɑ́dʒik/ ❶ 論理
▶ 路地区画の論理。

1789 keen /kíːn/ ❶ 熱望して ❷ 鋭い
▶ キーンという熱望している鋭い雰囲気。

1790 regulate /régjəlèit/ ❶ 規制する
▶ 冷遇！冷凍を規制する。

1781 disappointment（失望）　1788 logical（論理的な）

1791 motivate /móutəvèit/ ❶ やる気を起こさせる

▶ 餅(モチ)バイトに食わせてやる気を起こさせる。

1792 negotiate /nəɡóuʃièit/ ❶ 交渉する

▶ 「2、5、4、えいっ！」と値段を交渉する。

1793 resign /rizáin/ ❶ ～を辞する
▶ リ、サインして職を辞する。

1794 deliberate /dilíbərət/ ❶ 慎重な
▶ 出れば冷凍とは慎重な献立。

1795 interval /íntərvəl/ ❶ 間隔
▶ 犬、食べる間隔が短い。

1796 wicked /wíkid/ ❶ 邪悪な
▶ わい、キッド。邪悪な子。

1797 sustain /səstéin/ ❶ 支える
▶ 刺す店員、おでんを支える。

1798 embarrass /embǽrəs/ ❶ 当惑させる
▶ ええん？ バラすぞ！と当惑させる。

1799 toll /tóul/ ❶ 通行料
▶ 通る時に払う通行料。

1800 compromise /kɔ́mprəmàiz/ ❶ 妥協する
▶ このプロ、まぁいいぞと妥協する。

1791 motivation（動機） 1792 negotiation（交渉）

派生語の作り方
接頭辞②

(9) pro は、「前へ」の意味
- propose　提案する
- produce　生産する

(10) post は、「後ろの」の意味
- postwar　戦後の
- postscript　後書き

(11) en、em がつくと、「〜にする」の意味の動詞になる
- enable　可能にする
- enrich　豊かにする
- encourage　勇気づける
- embrace　抱き締める

(12) mis がつくと、「誤った」「悪い」の意味になる
- misunderstand　誤解する
- misfortune　不幸な

(13) sur は、「越えた」の意味
- survive　生き残る
- surplus　余剰

(14) over がつくと、「〜過ぎた」の意味になる
- overeat　食べ過ぎる
- overnight　夜通しの

(15) per は、「完全な」の意味
- perfect　完全な
- permanent　永遠の

(16) up は、「上の」の意味
- upgrade　向上させる
- upload　アップロード

(17) trans は、「越えて」「貫いて」「別の状態へ」の意味
- transport　輸送する
- transplant　移植

(18) fore は、「前の」の意味
- forecast　予報
- forehead　ひたい

(19) non は、「非…」「無…」の意味
- non-bank　非銀行系の
- nonstop　直行の

(20) syn、sym、syl は、「一緒に」の意味
- synchronize　同調させる
- syndrome　症候群
- symptom　徴候
- syllable　音節

特別付録
カタカナ語一覧

私たちは日常生活の中で実に多くの外来語を話しています。センター試験によく出るものを以下に書き出したので、目を通しておきましょう。

【衣】

☐ shirt	ワイシャツ	
☐ blouse	ブラウス	
☐ skirt	スカート	
☐ trouser	ズボン	
☐ jeans	ジーンズ	
☐ jacket	上着	
☐ shoe	靴	
☐ boot	長靴	
☐ sock	靴下	
☐ cap	帽子	
☐ hat	縁のある帽子	
☐ collar	襟	
☐ sleeve	袖	
☐ ribbon	リボン	
☐ button	ボタン	
☐ pocket	ポケット	
☐ hook	留め金	
☐ chain	鎖	
☐ lace	ひも	
☐ silk	絹	
☐ wool	羊毛	
☐ cotton	綿	
☐ knit	編み物	

【食】

☐ apple	林檎
☐ banana	バナナ
☐ grape	葡萄
☐ orange	オレンジ
☐ lemon	レモン
☐ nut	ナッツ
☐ potato	じゃが芋
☐ tomato	トマト
☐ onion	玉葱
☐ cabbage	キャベツ
☐ bean	豆
☐ corn	とうもろこし
☐ rice	米
☐ egg	卵
☐ meat	食肉
☐ beef	牛肉
☐ lamb	羊肉
☐ salt	塩
☐ sugar	砂糖
☐ tuna	まぐろ
☐ butter	バター
☐ cheese	チーズ
☐ garlic	にんにく
☐ ginger	しょうが
☐ pepper	こしょう
☐ sauce	ソース
☐ cream	クリーム
☐ biscuit	ビスケット
☐ cake	ケーキ
☐ chocolate	チョコレート
☐ candy	キャンディー
☐ pie	パイ

☐ powder	粉		**【生活】**	
☐ salad	サラダ	☐ computer	コンピュータ
☐ toast	トースト	☐ dot	点
☐ bacon	ベーコン	☐ email	電子メール
☐ sandwich	サンドイッチ	☐ online	オンライン
☐ coffee	コーヒー	☐ disc, disk	円盤
☐ juice	ジュース	☐ pet	ペット
☐ soup	スープ	☐ bake	オーブンで焼く
☐ tea	紅茶	☐ jump	跳躍
☐ beer	ビール	☐ test	テスト
☐ wine	ワイン	☐ list	リスト
☐ whisky	ウイスキー	☐ baby	赤ちゃん
☐ fry	揚げ物	☐ bacteria	細菌
☐ barbecue	バーベキュー	☐ vitamin	ビタミン
☐ menu	献立表	☐ ball	ボール
☐ recipe	レシピ	☐ barometer	バロメーター
		☐ bat	バット
	【住居】	☐ costume	服装
☐ floor	床	☐ uniform	制服
☐ tile	タイル	☐ curl	巻き毛
☐ mat	マット	☐ dream	夢
☐ terrace	テラス	☐ echo	こだま
☐ fence	塀(へい)	☐ fever	熱
☐ gate	門	☐ guest	客
☐ bench	ベンチ	☐ herb	ハーブ
☐ balcony	ベランダ	☐ medal	メダル
☐ hall	広間	☐ okay	オーケー
☐ sofa	ソファー	☐ page	ページ
☐ bedroom	寝室	☐ pearl	真珠
☐ bathroom	風呂場	☐ pipe	パイプ
☐ shower	シャワー	☐ tent	テント
☐ garage	車庫	☐ bag	バッグ
☐ greenhouse	温室	☐ bell	ベル
		☐ curtain	カーテン

カタカナ語

☐ carpet	敷物		☐ bucket	バケツ
☐ blanket	毛布		☐ bowl	鉢、どんぶり
☐ spray	スプレー		☐ bottle	ビン
☐ brush	ブラシ		☐ pot	つぼ
☐ towel	タオル		☐ fork	フォーク
☐ mirror	鏡		☐ spoon	スプーン
☐ umbrella	傘		☐ tray	盆
☐ radio	ラジオ		☐ dramatic	劇的な
☐ stamp	印、切手		☐ monster	怪物
☐ diary	日記		☐ speed	速度
☐ autumn	秋		☐ dial	ダイヤル
☐ film	フィルム		☐ gesture	身振り
☐ candle	ろうそく		☐ joke	冗談
☐ lamp	ランプ		☐ merit	長所
☐ suitcase	スーツケース		☐ whistle	口笛
☐ laser	レーザー		☐ amateur	素人
☐ battery	電池		☐ blend	混合
☐ lens	レンズ		☐ coin	硬貨
☐ hammer	ハンマー		☐ decoration	装飾
☐ key	カギ		☐ digital	デジタル
☐ switch	スイッチ		☐ drama	劇
☐ album	アルバム		☐ handsome	ハンサム
☐ bicycle	自転車		☐ hint	暗示
☐ bike	自転車、バイク		☐ horn	つの
☐ camera	カメラ		☐ jungle	ジャングル
☐ calendar	暦		☐ kick	蹴る
☐ video	ビデオ		☐ kiss	キス
☐ cassette	カセット		☐ mask	仮面
☐ antique	骨董品		☐ plus	プラス
☐ boiler	湯沸し		☐ profile	略歴
☐ basket	かご		☐ punch	パンチ
☐ oven	オーブン		☐ slim	スリム
☐ motor	モーター		☐ solar	太陽の
☐ straw	ストロー		☐ sour	すっぱい

カタカナ語

☐ tag	タグ		☐ escalator	エスカレーター
☐ thrill	スリル		☐ robot	ロボット
			☐ rocket	ロケット

【街】

【物質】

【体】

☐ bookstore	書店		☐ rail	レール
☐ palace	宮殿		☐ taxi	タクシー
☐ tower	塔		☐ jet	噴出
☐ platform	プラットホーム		☐ truck	トラック
☐ arch	アーチ		☐ tire	タイヤ
☐ supermarket	スーパーマーケット		☐ tunnel	トンネル
☐ church	教会		☐ helicopter	ヘリコプター
☐ chapel	礼拝堂		☐ plastic	プラスチック
☐ clinic	診療所		☐ alcohol	アルコール
☐ apartment	アパート		☐ fiber	繊維
☐ campus	キャンパス		☐ silver	銀
☐ hotel	ホテル		☐ gold	金
☐ bar	バー、横木		☐ oil	油
☐ gallery	ギャラリー		☐ iron	アイロン、鉄
☐ stage	舞台		☐ carbon	炭素
☐ crane	クレーン		☐ protein	たんぱく質
☐ bridge	橋		☐ diamond	ダイヤモンド
☐ ferry	フェリー		☐ light	光
☐ café	喫茶店		☐ dioxide	二酸化物
☐ pub	パブ		☐ ozone	オゾン
☐ mall	商店街		☐ brow	ひたい
☐ studio	スタジオ		☐ forehead	ひたい
☐ monument	記念碑		☐ nose	鼻
☐ classroom	教室		☐ lip	くちびる
☐ cord	ひも		☐ cheek	頬(ほお)
☐ rope	ロープ		☐ beard	ひげ
☐ cable	ケーブル		☐ eyebrow	まゆ
☐ pump	ポンプ			
☐ balloon	気球			
☐ elevator	エレベーター			

カタカナ語

☐ chin	あご(先)		☐ niece	めい
☐ jaw	あご			
☐ neck	首		**【動植物】**	
☐ throat	のど		☐ monkey	猿
☐ shoulder	肩		☐ tiger	虎
☐ arm	腕		☐ wolf	狼
☐ elbow	ひじ		☐ lion	ライオン
☐ wrist	手首		☐ elephant	象
☐ fist	げんこつ		☐ horse	馬
☐ finger	指		☐ sheep	羊
☐ thumb	親指		☐ pig	豚
☐ nail	爪		☐ cow	乳牛
☐ stomach	胃		☐ goat	やぎ
☐ skin	皮膚		☐ chicken	にわとり
☐ waist	腰		☐ camel	らくだ
☐ hip	腰、臀部		☐ whale	鯨
☐ leg	足		☐ dolphin	いるか
☐ knee	ひざ(がしら)		☐ rabbit	うさぎ
☐ lap	ひざ		☐ hare	野うさぎ
☐ ankle	足首		☐ mouse	(はつか)ねずみ
☐ heel	かかと		☐ rat	ねずみ
☐ toe	つま先		☐ ant	蟻
			☐ bee	みつばち
【家族】			☐ butterfly	蝶
☐ dad	お父さん		☐ crow	からす
☐ daddy	お父さん		☐ deer	鹿
☐ mom	お母さん		☐ dog	犬
☐ mommy	お母さん		☐ duck	あひる
☐ grandfather	祖父		☐ eagle	鷲
☐ grandmother	祖母		☐ fox	狐
☐ grandparents	祖父母		☐ frog	かえる
☐ grandchild	孫		☐ goose	がちょう
☐ grandson	孫息子		☐ snake	へび
☐ nephew	おい		☐ spider	蜘蛛

カタカナ語

☐ dragon	竜			**【娯楽】**	
☐ rose	薔薇		☐ picnic	ピクニック	
☐ lily	ゆり		☐ leisure	レジャー	
☐ oak	樫		☐ camp	キャンプ	
☐ pine	松		☐ resort	行楽地	
			☐ comedy	喜劇	
	【スポーツ】		☐ comic	漫画	
☐ soccer	サッカー		☐ chess	チェス	
☐ basketball	バスケットボール		☐ tobacco	タバコ	
☐ football	フットボール		☐ dance	ダンス	
☐ golf	ゴルフ		☐ cinema	映画	
☐ rugby	ラグビー		☐ festival	祭り	
☐ tennis	テニス		☐ parade	パレード	
☐ athlete	運動選手		☐ ticket	チケット	
☐ skate	スケート				
☐ ski	スキー			**【社会・文化】**	
☐ stadium	スタジアム		☐ charter	貸切	
☐ yacht	ヨット		☐ cancel	取り消し	
☐ ballet	バレー		☐ handicap	ハンディキャップ	
☐ champion	勝者		☐ mate	仲間	
☐ tournament	勝ち抜き戦		☐ hazard	危険	
			☐ goods	商品	
	【音楽】		☐ boom	ブーム	
☐ drum	ドラム		☐ gun	銃	
☐ guitar	ギター		☐ missile	ミサイル	
☐ jazz	ジャズ		☐ tenant	賃借人	
☐ rhythm	リズム		☐ salary	給料	
☐ violin	バイオリン		☐ bonus	賞与	
☐ melody	メロディー		☐ lesson	レッスン	
☐ concert	コンサート		☐ seminar	セミナー	
☐ opera	歌劇		☐ curriculum	カリキュラム	
☐ orchestra	管弦楽団		☐ graph	グラフ	
☐ song	歌		☐ puzzle	なぞ	
			☐ gang	ギャング	

カタカナ語

☐ license	免許
☐ imitation	模造品
☐ panic	恐慌
☐ debut	デビュー
☐ spy	スパイ
☐ recycle	リサイクル
☐ Bible	聖書
☐ angel	天使
☐ queen	女王
☐ prince	王子
☐ princess	王女
☐ pilot	パイロット
☐ police	警察
☐ policeman	警察官
☐ driver	運転手
☐ spokesman	広報官
☐ narrator	ナレーター

【色】

☐ black	黒
☐ blue	青
☐ brown	茶
☐ gray	灰色
☐ green	緑
☐ pink	桃色
☐ purple	紫
☐ red	赤
☐ white	白
☐ yellow	黄

【数・単位】

☐ thousand	1000
☐ million	100万
☐ billion	10億
☐ zero	0
☐ dollar	ドル
☐ cent	セント
☐ pound	ポンド
☐ penny	ペニー
☐ meter	メートル
☐ inch	インチ
☐ yard	ヤード
☐ mile	マイル
☐ dozen	ダース
☐ acre	エーカー
☐ centigrade	摂氏
☐ kilo	キロ
☐ ton	トン

【複合語】

☐ inside	内側
☐ outside	外側
☐ upstairs	階上へ
☐ downstairs	階下へ
☐ inward	内側へ
☐ outward	外側へ
☐ upward	上方へ
☐ downward	下方へ
☐ onward	前方へ
☐ forward	前へ
☐ backward	後ろへ
☐ afterward	後で
☐ toward	～の方に
☐ somebody	誰か
☐ sometime	いつか
☐ someday	いつか
☐ somewhat	いくらか
☐ somehow	何とか

カタカナ語

☐ somewhere	どこか		☐ along	～に沿って
☐ anybody	誰か、誰でも		☐ within	～以内に
☐ anytime	～する時はいつでも			

☐ anyhow	とにかく
☐ anymore	もはや～ない
☐ anyway	とにかく
☐ anywhere	どこでも
☐ everybody	誰でも
☐ everyday	毎日の
☐ everywhere	どこでも
☐ nobody	誰も～ない
☐ nowhere	どこにも～ない
☐ whoever	～する誰でも
☐ whenever	～する時はいつでも
☐ wherever	どこへ～しても
☐ whatever	～するのは何でも
☐ inner	内側の
☐ outer	外側の

【注意すべき中学語】

☐ book	予約する
☐ china	陶磁器
☐ fine	罰金
☐ kind	種類
☐ long	望む
☐ lot	くじ
☐ must	必需品
☐ plane	平面
☐ run	経営する
☐ spring	ばね、泉、跳躍
☐ still	静止した
☐ want	不足
☐ well	井戸

【機能語】

☐ above	～の上方に
☐ beside	～のそばに
☐ beyond	～を越えて
☐ behind	～の後ろに
☐ unless	もし～でなければ
☐ beneath	～の真下に
☐ below	～の下方に
☐ though	しかし
☐ around	～の周りに
☐ onto	～の上に
☐ underneath	～の下に
☐ upon	～の上に
☐ against	～に対して
☐ forth	前に

カタカナ語

索 引

INDEX

A

Word	Page
abandon	293
ability	55
able	13
abroad	137
absence	157
absolute	331
absorb	334
abstract	343
abuse	371
academic	304
accept	27
access	235
accident	85
accommodation	355
accompany	323
according	111
account	214
accurate	291
achieve	97
acid	247
acknowledge	373
acquire	251
action	60
activity	21
actually	45
adapt	277
add	26
address	67
adequate	317
adjust	316
administration	361
admire	206
admit	123
adopt	255
adult	99
advance	217
advantage	127
adventure	239
advertise	299
advice	86
affair	259
affect	67
afford	233
afraid	27
age	21
agenda	377
agent	301
agree	31
agriculture	287
ahead	88
aid	83
aim	161
air	35
alarm	182
alike	299
alive	139
allow	30
ally	331
almost	12
alone	41
alter	317
alternative	263
although	15
altogether	314
amazing	201
ambassador	327
ambitious	357
amount	36
analyze	341
ancestor	320
ancient	115
angle	163
angry	118
anniversary	312
announce	121
annual	290
anxious	289
apart	127
apologize	331
apparent	297
appeal	197
appear	25
apply	147
appointment	225
appreciate	268
approach	107
appropriate	223
approve	269
approximately	341
architecture	321
area	29
argue	103
arise	253
army	276
arrange	151
arrest	260
arrival	168
arrow	334
art	31
article	169
artificial	339
ash	329
ashamed	315
aside	259
asleep	169
aspect	223
assembly	335
assess	371
assignment	289
assist	176
associate	241
assume	278
assure	363
atmosphere	161
atom	313
attach	280
attack	97
attempt	103
attend	135
attention	42
attitude	50
attorney	371
attract	219
audience	158
author	124
authority	235
automatic	317
available	219
average	95
avoid	47
awake	269
award	223
aware	81
awful	231
awkward	372

B

word	page
background	127
badly	101
balance	120
ban	303
band	119
bank	69
bare	205
bark	171
barrier	335
basic	87
battle	125
bay	243
beach	107
bear	26
beat	19
beauty	143
beg	183
beginning	65
behavior	39
being	85
believe	13
belong	95
belt	249
bend	219
benefit	157
besides	129
bet	301
bid	369
bill	110
bind	363
biology	359
birth	109
bit	100
bite	149
bitter	273
blade	337
blame	261
bless	333
blind	191
block	109
blood	106
blow	115
board	101
boil	347
bomb	155
bond	173
bone	101
border	176
bore	322
borrow	162
boss	167
bother	219
bottom	105
bound	175
boundary	331
bow	140
brain	119
branch	135
brand	307
brave	248
breast	305
breath	101
breed	357
brick	329
brief	189
bright	107
brilliant	263
broad	145
broadcast	309
budget	315
bull	305
bullet	343
burden	217
burn	137
burst	192
bury	267
bush	171
business	57

C

word	page
cabin	313
cabinet	369
cage	345
calculate	241
calm	196
campaign	115
canal	215
cancer	241
candidate	349
capable	213
capacity	255
capital	117
captain	87
capture	262
career	219
careful	79
carriage	327
carve	341
case	27
cash	243
cast	253
castle	183
casual	214
category	349
cattle	258
cause	17
cave	189
cease	337
ceiling	201
celebrate	247
cell	153
center	37
century	67
ceremony	243
certain	15
chairman	357
challenge	106
chamber	291
chance	34
change	11
channel	283
chapter	179
character	99
charge	104
charity	271
charm	294
chart	289
chase	297
chat	211
cheap	127
cheat	341
check	79
cheer	209
chemical	155
chest	239
chief	113
childhood	169

☐ chip 185	☐ company 48	☐ contract 221
☐ choose 35	☐ compare 44	☐ contrary 365
☐ cigarette 165	☐ compete 239	☐ contrast 233
☐ circle 127	☐ complain 217	☐ contribute 225
☐ circuit 353	☐ complete 40	☐ control 49
☐ circumstance 275	☐ complex 163	☐ convenient 215
☐ cite 355	☐ complicated 281	☐ convention 371
☐ citizen 155	☐ component 351	☐ conversation 91
☐ civilization 180	☐ compose 305	☐ convert 353
☐ claim 222	☐ compound 288	☐ convey 289
☐ classical 293	☐ compromise 379	☐ convince 302
☐ classify 315	☐ concentrate 227	☐ cope 287
☐ clay 301	☐ concept 241	☐ copy 89
☐ clear 20	☐ concern 43	☐ core 377
☐ clerk 291	☐ conclude 273	☐ corner 54
☐ clever 145	☐ concrete 273	☐ corporation 351
☐ click 367	☐ condition 33	☐ correct 206
☐ client 349	☐ conduct 207	☐ correspond 354
☐ cliff 333	☐ conference 251	☐ cost 37
☐ climate 156	☐ confident 305	☐ cottage 269
☐ climb 59	☐ confirm 324	☐ council 221
☐ clip 315	☐ conflict 221	☐ count 85
☐ closely 203	☐ confuse 245	☐ countryside 193
☐ clothing 168	☐ congress 247	☐ county 357
☐ clue 250	☐ connect 219	☐ couple 64
☐ coach 91	☐ conquer 365	☐ courage 216
☐ coal 201	☐ conscious 267	☐ course 15
☐ coast 207	☐ consent 339	☐ court 197
☐ coat 129	☐ consequence 273	☐ cousin 248
☐ code 165	☐ conservative 358	☐ cover 39
☐ collapse 373	☐ consider 19	☐ crack 285
☐ colleague 285	☐ considerable 350	☐ craft 311
☐ collect 123	☐ consist 231	☐ crash 261
☐ colony 283	☐ constant 200	☐ crawl 343
☐ column 295	☐ constitution 269	☐ crazy 207
☐ combine 235	☐ construct 277	☐ create 45
☐ comfortable 115	☐ consult 348	☐ credit 244
☐ command 241	☐ consumer 261	☐ crew 241
☐ comment 227	☐ contact 134	☐ crime 235
☐ commercial 290	☐ contain 78	☐ crisis 207
☐ commit 323	☐ contemporary 328	☐ critic 335
☐ committee 233	☐ content 225	☐ crop 232
☐ common 25	☐ contest 283	☐ cross 83
☐ communicate 129	☐ context 227	☐ crowd 99
☐ community 131	☐ continent 293	☐ crown 201
☐ companion 265	☐ continue 24	☐ crucial 347

cruel	317	
cruise	347	
culture	25	
cupboard	339	
cure	301	
curious	255	
current	197	
curve	307	
custom	105	
customer	91	
cycle	173	

D

daily	105
damage	72
dangerous	63
dare	230
darkness	187
data	129
date	51
dawn	293
dead	73
deaf	177
deal	27
debate	279
debt	211
decade	287
decent	347
decide	15
deck	177
declare	237
decline	341
decorate	355
decrease	209
deep	53
defeat	304
defend	323
define	253
degree	95
delay	255
deliberate	379
delicate	315
delicious	265
delight	271
deliver	251
demand	78
democracy	281
demonstrate	295
deny	211
depart	316
department	93
depend	22
deposit	373
depression	365
descend	340
describe	117
desert	161
deserve	330
design	87
desire	146
despair	333
despite	240
destination	337
destroy	99
detail	160
detective	267
determine	164
develop	13
device	261
devote	271
dialogue	321
die	29
diet	232
different	11
difficult	11
dig	170
digest	367
dignity	344
direct	153
dirty	111
disappear	121
disappoint	376
disaster	249
discipline	255
discount	317
discover	53
discrimination	311
discuss	59
disease	98
dish	129
dismiss	375
disorder	303
display	259
dispute	362
distance	53
distinction	371
distinguish	284
distract	369
distribute	376
district	275
disturb	332
diversity	359
divide	205
divorce	275
document	265
dollar	137
domestic	359
dominant	313
double	185
doubt	57
draft	373
drag	171
drain	301
draw	49
dress	27
drift	273
drill	181
drop	61
drown	329
drug	151
dry	63
due	285
dull	308
dust	199
duty	173
dye	323

E

eager	299
earn	199
earthquake	271
easily	33
eastern	159
ecology	359
economic	75
edge	153
editor	277
education	31

effect	68	
efficient	245	
effort	90	
elderly	327	
elect	263	
electric	177	
element	244	
eliminate	311	
else	41	
embarrass	379	
embrace	309	
emerge	266	
emotion	267	
emphasis	243	
empire	261	
employ	341	
empty	123	
enable	231	
encounter	283	
encourage	84	
end	197	
enemy	143	
energy	77	
engage	258	
engine	149	
enormous	291	
ensure	365	
enter	63	
enterprise	367	
entertain	361	
enthusiasm	321	
entirely	282	
entitle	373	
envelope	275	
environment	81	
equal	155	
equipment	225	
equivalent	269	
era	275	
error	335	
escape	117	
especially	53	
essay	213	
essential	219	
establish	221	
estate	313	
estimate	243	
ethnic	259	
even	10	
event	58	
evidence	224	
evil	237	
evolution	327	
exactly	41	
examine	89	
example	17	
excellent	229	
except	29	
exchange	74	
excited	150	
exclude	353	
excuse	225	
executive	337	
exercise	58	
exhibit	367	
exist	65	
expand	254	
expect	14	
expensive	137	
experience	18	
experiment	105	
expert	208	
expire	371	
explain	24	
explode	281	
explore	239	
export	204	
expose	274	
express	31	
extend	245	
external	371	
extra	153	
extraordinary	279	
extreme	306	

F

facility	303	
fact	15	
factor	135	
factory	163	
faculty	354	
fade	188	
fail	28
faint	346
fairly	228
faith	186
false	264
familiar	217
fan	126
fancy	345
fantasy	332
farmer	93
fascinating	287
fashion	145
fat	125
fate	277
fault	165
favor	224
fear	37
feather	180
feature	161
federal	361
fee	360
feed	108
fellow	217
female	181
fetch	351
fiction	259
field	80
fight	97
figure	79
file	293
fill	53
filter	315
finally	42
financial	261
finish	45
fire	55
firm	184
fit	123
fix	185
flag	271
flame	313
flash	201
flat	93
flesh	268
flexible	336
flight	135

☐ float	186	
☐ flood	251	
☐ flow	147	
☐ focus	139	
☐ fold	272	
☐ folk	281	
☐ follow	17	
☐ fond	169	
☐ fool	183	
☐ force	59	
☐ forecast	352	
☐ foreign	74	
☐ forest	77	
☐ forever	121	
☐ forget	75	
☐ forgive	273	
☐ form	29	
☐ former	94	
☐ fortune	201	
☐ fossil	275	
☐ found	124	
☐ frame	183	
☐ free	51	
☐ frequent	190	
☐ fresh	59	
☐ friendly	147	
☐ frighten	364	
☐ front	29	
☐ fuel	158	
☐ fulfill	187	
☐ full	40	
☐ fun	87	
☐ function	234	
☐ fund	199	
☐ fundamental	370	
☐ funeral	265	
☐ fur	292	
☐ furniture	197	
☐ further	123	
☐ future	41	

G

☐ gain	113	
☐ gap	177	
☐ gas	91	
☐ gather	105	
☐ gear	213	
☐ gender	315	
☐ general	33	
☐ generation	141	
☐ generous	287	
☐ genetic	327	
☐ gentle	130	
☐ genuine	368	
☐ geography	345	
☐ ghost	179	
☐ giant	114	
☐ gift	115	
☐ glance	235	
☐ globe	323	
☐ glove	151	
☐ glow	271	
☐ goal	43	
☐ government	63	
☐ grab	283	
☐ gradually	163	
☐ graduate	237	
☐ grain	252	
☐ grammar	303	
☐ grand	179	
☐ grant	167	
☐ grasp	307	
☐ grass	139	
☐ grateful	253	
☐ grave	251	
☐ greatly	145	
☐ greet	167	
☐ grip	193	
☐ growth	153	
☐ guarantee	349	
☐ guard	165	
☐ guess	49	
☐ guide	61	
☐ guilty	263	
☐ guy	87	

H

☐ habit	165	
☐ handle	153	
☐ hang	81	
☐ happen	13	
☐ happiness	173	
☐ harbor	213	
☐ hardly	69	
☐ harm	209	
☐ harmony	272	
☐ hate	103	
☐ headache	369	
☐ health	21	
☐ heart	51	
☐ heat	59	
☐ heaven	205	
☐ heavy	45	
☐ height	209	
☐ hell	185	
☐ helpful	167	
☐ hero	129	
☐ hesitate	308	
☐ hide	113	
☐ highly	123	
☐ hire	279	
☐ history	41	
☐ hit	61	
☐ hold	23	
☐ hole	159	
☐ holy	215	
☐ honest	162	
☐ honor	161	
☐ horizon	347	
☐ horrible	292	
☐ hospital	39	
☐ host	131	
☐ household	237	
☐ however	10	
☐ huge	130	
☐ human	15	
☐ humor	299	
☐ hungry	187	
☐ hunt	209	
☐ hurry	146	
☐ hurt	89	
☐ husband	60	
☐ hypothesis	355	

I

☐ ideal	143	
☐ identity	249	
☐ ignore	228	

☐ ill	109	☐ instead	31	☐ kingdom	177
☐ illusion	338	☐ instinct	312	☐ knock	127
☐ illustrate	191	☐ institution	281	☐ knowledge	55
☐ image	75	☐ instruction	229		
☐ imagine	21	☐ instrument	231		

L

☐ imitate	369	☐ insult	303	☐ label	317
☐ immediately	93	☐ insurance	352	☐ labor	120
☐ immigrant	337	☐ intellectual	342	☐ laboratory	296
☐ impact	300	☐ intelligence	287	☐ lack	51
☐ imply	341	☐ intend	215	☐ ladder	325
☐ import	205	☐ interaction	361	☐ land	23
☐ important	13	☐ interest	41	☐ landscape	337
☐ impose	367	☐ interfere	345	☐ lane	189
☐ impossible	61	☐ internal	363	☐ language	95
☐ impression	216	☐ international	83	☐ largely	175
☐ improve	43	☐ Internet	357	☐ latter	167
☐ incident	293	☐ interpret	335	☐ laugh	45
☐ include	69	☐ interrupt	311	☐ launch	349
☐ income	233	☐ interval	379	☐ law	83
☐ increase	13	☐ interview	111	☐ lawn	213
☐ indeed	93	☐ introduce	73	☐ lay	115
☐ independent	225	☐ invasion	321	☐ lead	23
☐ index	291	☐ invent	245	☐ leaf	125
☐ indicate	215	☐ invest	375	☐ league	221
☐ individual	62	☐ investigate	357	☐ lean	199
☐ industry	109	☐ invite	96	☐ leap	209
☐ infant	298	☐ involve	119	☐ least	45
☐ infection	377	☐ island	29	☐ leather	291
☐ inflation	373	☐ issue	94	☐ lecture	263
☐ influence	51	☐ item	229	☐ legal	251
☐ inform	193			☐ legislation	363
☐ ingredient	313			☐ length	185

J

☐ inhabitant	309	☐ jail	279	☐ less	12
☐ initial	303	☐ job	17	☐ level	57
☐ initiative	369	☐ join	81	☐ liberal	365
☐ injure	201	☐ journalist	169	☐ liberty	321
☐ inn	357	☐ journey	143	☐ lie	52
☐ innocent	311	☐ joy	157	☐ lift	113
☐ innovation	355	☐ judge	76	☐ likely	31
☐ inquire	342	☐ junior	159	☐ limit	59
☐ insect	187	☐ justice	283	☐ line	31
☐ inside	47			☐ linguistic	273
☐ insist	157			☐ link	119

K

☐ inspire	321	☐ keen	377	☐ liquid	245
☐ instance	217	☐ kid	97	☐ literature	221
☐ instant	172	☐ kill	35	☐ lively	200

☐ load	247	☐ matter	16	☐ moment	33
☐ loan	325	☐ maximum	351	☐ monitor	189
☐ local	99	☐ maybe	68	☐ mood	171
☐ locate	187	☐ mayor	259	☐ moral	335
☐ lock	128	☐ meal	64	☐ moreover	253
☐ log	171	☐ meaning	39	☐ mostly	241
☐ logic	377	☐ means	364	☐ motion	193
☐ lonely	211	☐ meanwhile	265	☐ motivate	378
☐ loose	310	☐ measure	87	☐ movement	79
☐ lord	181	☐ mechanical	343	☐ mud	181
☐ loss	75	☐ media	203	☐ murder	173
☐ loud	229	☐ medical	111	☐ muscle	233
☐ lovely	109	☐ meeting	45	☐ museum	159
☐ luck	121	☐ melt	307	☐ musician	161
☐ lump	345	☐ member	47	☐ mutual	325
☐ lung	291	☐ memory	77	☐ mystery	205
☐ luxury	327	☐ mental	193	☐ myth	279

M

☐ machine	53	☐ mention	63	**N**	page
☐ mad	183	☐ merchant	192	☐ narrow	144
☐ magazine	143	☐ merely	238	☐ nasty	348
☐ magic	141	☐ mess	343	☐ nation	65
☐ magnificent	350	☐ message	89	☐ native	170
☐ mail	138	☐ metal	137	☐ nature	77
☐ main	21	☐ method	101	☐ navy	218
☐ maintain	151	☐ middle	97	☐ nearby	128
☐ major	79	☐ midnight	275	☐ neat	172
☐ male	191	☐ might	11	☐ necessary	21
☐ mammal	285	☐ mild	355	☐ needle	175
☐ manage	33	☐ military	221	☐ negative	227
☐ manner	85	☐ mind	11	☐ neglect	363
☐ manual	193	☐ mine	197	☐ negotiate	378
☐ manufacture	249	☐ minister	223	☐ neighbor	139
☐ map	69	☐ minor	174	☐ neither	91
☐ march	283	☐ minute	35	☐ nervous	217
☐ margin	331	☐ miracle	307	☐ nest	175
☐ marine	339	☐ miserable	367	☐ net	129
☐ mark	95	☐ miss	38	☐ nevertheless	239
☐ market	83	☐ mission	252	☐ nightmare	353
☐ marry	75	☐ mist	362	☐ nod	154
☐ mass	203	☐ mistake	57	☐ noise	101
☐ master	93	☐ mix	115	☐ none	95
☐ match	95	☐ mobile	321	☐ nonsense	336
☐ material	79	☐ model	102	☐ nor	79
☐ mathematics	167	☐ moderate	359	☐ normal	65
		☐ modern	27	☐ northern	165
		☐ molecule	335		

☐ note	43
☐ notice	47
☐ notion	295
☐ novel	203
☐ nowadays	293
☐ nuclear	221
☐ numerous	310
☐ nurse	107

O

☐ obey	269
☐ object	47
☐ obligation	375
☐ observe	223
☐ obtain	227
☐ obvious	251
☐ occasion	222
☐ occupy	246
☐ occur	80
☐ ocean	145
☐ odd	286
☐ offense	365
☐ offer	55
☐ office	23
☐ operate	163
☐ opinion	55
☐ opponent	340
☐ opportunity	50
☐ opposite	220
☐ optimistic	359
☐ option	325
☐ order	14
☐ ordinary	209
☐ organize	302
☐ original	123
☐ otherwise	233
☐ ought	102
☐ outcome	329
☐ outdoor	326
☐ output	331
☐ overall	345
☐ overcome	289
☐ overseas	182
☐ owe	185
☐ own	11
☐ oxygen	267

P

☐ pace	178
☐ pack	147
☐ pain	92
☐ paint	77
☐ pair	113
☐ pale	166
☐ palm	317
☐ pan	211
☐ panel	287
☐ paragraph	169
☐ parallel	325
☐ pardon	347
☐ parent	19
☐ parliament	311
☐ part	13
☐ participate	243
☐ particular	28
☐ partner	137
☐ party	41
☐ passage	167
☐ passion	276
☐ passive	374
☐ past	19
☐ path	142
☐ patient	85
☐ pattern	101
☐ pause	207
☐ pavement	333
☐ pay	15
☐ peace	89
☐ peak	297
☐ penalty	375
☐ pension	367
☐ per	125
☐ perceive	307
☐ percent	59
☐ perfect	111
☐ perform	103
☐ perhaps	25
☐ period	35
☐ permanent	280
☐ permit	239
☐ personal	69
☐ perspective	305

☐ persuade	289
☐ petrol	345
☐ phenomenon	307
☐ philosophy	283
☐ phone	55
☐ photograph	147
☐ phrase	153
☐ physical	110
☐ pick	65
☐ piece	67
☐ pile	255
☐ pin	205
☐ pitch	173
☐ pity	374
☐ plain	111
☐ plan	20
☐ planet	149
☐ plant	49
☐ plate	131
☐ plead	341
☐ pleasure	95
☐ plenty	236
☐ plot	377
☐ poet	188
☐ point	25
☐ poison	171
☐ pole	189
☐ policy	123
☐ polish	349
☐ polite	273
☐ political	119
☐ poll	373
☐ pollution	223
☐ pond	297
☐ pool	111
☐ popular	73
☐ port	145
☐ portrait	313
☐ pose	353
☐ position	93
☐ positive	231
☐ possess	331
☐ possible	41
☐ post	113
☐ potential	284
☐ pour	202

poverty	249	property	249	rear	377
power	37	proportion	361	reason	17
practice	69	propose	314	recall	227
praise	239	prospect	371	receive	36
pray	285	protect	99	recent	25
precious	267	protest	250	reckon	372
precise	365	proud	211	recognize	219
predict	281	prove	73	recommend	306
prefecture	361	provide	61	record	77
prefer	125	psychology	297	recover	235
prejudice	311	public	69	reduce	62
prepare	72	publish	119	refer	155
present	39	pull	56	reflect	143
preserve	231	punish	333	reform	359
president	107	pupil	91	refugee	265
press	89	purchase	253	refuse	86
pretend	282	pure	207	regard	152
prevent	140	purpose	51	regime	373
previous	225	pursue	277	region	137
price	66	push	57	register	267
pride	234			regret	255
priest	179	**Q**		regular	149
primary	339	quality	75	regulate	377
primitive	321	quantity	212	reject	360
principal	169	quarter	198	relation	131
principle	249	quick	93	relative	107
print	121	quiet	87	relax	229
priority	279	quit	299	release	152
prison	173	quite	21	relevant	366
private	118			relief	202
prize	141	**R**		religion	241
probably	25	race	73	rely	225
problem	13	raise	96	remain	23
process	67	random	355	remark	263
produce	54	range	139	remember	19
product	61	rank	148	remind	185
profession	326	rapid	196	remote	269
professor	141	rare	139	remove	121
profit	229	rate	63	rent	347
program	65	rather	16	repair	223
progress	57	raw	247	repeat	125
project	89	reach	32	replace	229
promise	99	react	237	reply	91
promote	240	ready	61	report	67
proof	370	real	48	represent	63
proper	199	realize	23	republic	297

☐ reputation	307	☐ royal	191	☐ seem	11
☐ request	126	☐ rub	300	☐ seize	286
☐ require	35	☐ rubbish	293	☐ seldom	179
☐ rescue	174	☐ ruin	323	☐ select	217
☐ research	81	☐ rule	83	☐ senator	357
☐ resemble	356	☐ rumor	331	☐ senior	109
☐ reserve	243	☐ rural	366	☐ sensation	339
☐ resident	349	☐ rush	142	☐ sense	23
☐ resign	379	**S**	page	☐ sensitive	237
☐ resist	296	☐ sack	251	☐ sentence	183
☐ resolve	363	☐ sacred	305	☐ separate	117
☐ resource	199	☐ sacrifice	277	☐ sequence	356
☐ respect	57	☐ safety	155	☐ series	139
☐ respond	136	☐ sail	159	☐ serious	37
☐ responsible	187	☐ sake	210	☐ serve	49
☐ rest	46	☐ sale	103	☐ session	365
☐ restaurant	117	☐ sample	301	☐ set	21
☐ restore	305	☐ satellite	315	☐ settle	137
☐ restrict	375	☐ satisfy	155	☐ several	31
☐ result	17	☐ save	85	☐ severe	267
☐ resume	361	☐ scale	177	☐ sex	263
☐ retain	367	☐ scarcely	358	☐ shade	179
☐ retire	247	☐ scared	309	☐ shadow	207
☐ return	27	☐ scatter	328	☐ shake	112
☐ reveal	213	☐ scene	135	☐ shallow	333
☐ revenue	351	☐ schedule	243	☐ shame	285
☐ reverse	329	☐ scheme	347	☐ shape	76
☐ review	333	☐ scholar	294	☐ share	65
☐ revolution	245	☐ science	25	☐ sharp	204
☐ reward	246	☐ scope	368	☐ shed	327
☐ rid	245	☐ score	242	☐ sheet	139
☐ ring	39	☐ scream	242	☐ shelf	191
☐ risk	160	☐ screen	155	☐ shell	175
☐ ritual	345	☐ seal	175	☐ shelter	269
☐ rival	151	☐ search	82	☐ shift	199
☐ rock	53	☐ seasonal	215	☐ shine	150
☐ role	100	☐ seat	75	☐ ship	55
☐ roll	153	☐ secondary	351	☐ shock	104
☐ romantic	329	☐ secret	131	☐ shoot	151
☐ roof	111	☐ secretary	230	☐ shore	233
☐ root	108	☐ section	191	☐ shortly	165
☐ rough	205	☐ sector	361	☐ shut	117
☐ round	73	☐ security	207	☐ shy	285
☐ route	163	☐ seed	247	☐ side	17
☐ routine	297	☐ seek	143	☐ sigh	213
☐ row	149			☐ sight	82

☐ sign	49	
☐ significant	253	
☐ silent	157	
☐ silly	281	
☐ similar	43	
☐ simple	15	
☐ single	67	
☐ sink	151	
☐ site	143	
☐ situation	43	
☐ size	51	
☐ skill	65	
☐ slave	279	
☐ slide	295	
☐ slight	235	
☐ slip	141	
☐ slope	335	
☐ slow	55	
☐ smart	191	
☐ smell	105	
☐ smoke	113	
☐ smooth	233	
☐ snap	303	
☐ soap	178	
☐ social	43	
☐ society	33	
☐ soil	211	
☐ soldier	175	
☐ solid	297	
☐ solve	127	
☐ sorrow	359	
☐ sort	131	
☐ soul	161	
☐ sound	27	
☐ source	116	
☐ south	77	
☐ space	37	
☐ spare	245	
☐ special	33	
☐ species	190	
☐ specific	226	
☐ spectacle	369	
☐ speech	49	
☐ spell	193	
☐ spill	299	
☐ spirit	83	
☐ splendid	343
☐ split	309
☐ spoil	338
☐ sponsor	311
☐ spot	105
☐ spread	99
☐ square	157
☐ squeeze	301
☐ stable	309
☐ staff	203
☐ stair	129
☐ standard	131
☐ stare	114
☐ state	35
☐ statistics	363
☐ statue	309
☐ status	288
☐ steady	278
☐ steal	218
☐ steam	259
☐ steel	181
☐ steep	333
☐ step	45
☐ stick	141
☐ stir	220
☐ stock	171
☐ storage	353
☐ storm	169
☐ straight	73
☐ strain	295
☐ strange	56
☐ strategy	187
☐ stream	209
☐ strength	103
☐ stress	135
☐ stretch	238
☐ strict	301
☐ strike	135
☐ string	189
☐ strip	205
☐ stroke	277
☐ structure	231
☐ struggle	159
☐ stuff	236
☐ stupid	261
☐ style	121
☐ subject	90
☐ submit	363
☐ substance	271
☐ succeed	147
☐ success	22
☐ suck	329
☐ sudden	145
☐ suffer	85
☐ sufficient	325
☐ suggest	18
☐ suicide	337
☐ suit	105
☐ sum	173
☐ summit	327
☐ sunshine	210
☐ superior	271
☐ supper	156
☐ supply	85
☐ support	77
☐ suppose	37
☐ supreme	325
☐ surely	109
☐ surface	117
☐ surgeon	344
☐ surprise	98
☐ surround	274
☐ survey	215
☐ survive	92
☐ suspect	266
☐ suspend	339
☐ sustain	379
☐ swallow	249
☐ sweat	369
☐ sweep	353
☐ sweet	125
☐ swing	181
☐ sword	330
☐ symbol	117
☐ sympathy	299
☐ symptom	289
☐ system	47

T

☐ tail	193
☐ tale	183
☐ talent	166

Word	Page	Word	Page	Word	Page
tank	167	topic	159	union	149
tap	177	total	81	unique	154
tape	122	touch	51	unit	159
target	265	tough	197	unite	69
task	135	tour	149	universe	157
taste	103	toy	145	university	81
tax	121	trace	229	upper	305
tear	107	track	115	upset	237
technology	73	trade	116	urban	213
teenager	299	tradition	112	urge	298
telephone	32	traffic	89	useless	329
temperature	91	tragedy	295	usual	75

V

Word	Page
valley	163
value	38
vanish	313
variety	87
various	53
vast	203
vegetable	270
vehicle	285
venture	353
version	239
vertical	343
via	351
victim	237
victory	147
view	33
village	57
violence	253
virtually	351
virtue	337
virus	203
vision	281
visitor	103
visual	175
vital	275
voice	61
volume	171
volunteer	227
vote	151

Word	Page	Word	Page
temple	287	trail	259
temporary	375	train	29
tend	34	transfer	264
tension	309	transform	325
term	119	translate	261
terrible	88	transport	227
territory	295	trap	201
text	189	travel	47
theater	149	treasure	324
theme	265	treat	59
theory	119	treaty	277
therefore	35	tremble	343
thick	148	tremendous	339
thin	134	trend	254
thought	97	trial	223
thread	346	tribe	197
threat	235	trick	231
throughout	66	trip	43
throw	63	triumph	322
thus	84	tropical	199
tide	320	trouble	30
tie	81	trunk	323
tight	208	trust	136
tiny	144	tube	211
tip	138	tune	215
tired	79	twice	122
title	127	twin	270
toilet	263	twist	187
toll	379	type	46
tone	163		
tongue	189		
tool	161		
tooth	157		
top	37		

U

Word	Page
ugly	262
ultimate	355
undertake	375

W

Word	Page
wage	279
wake	147

☐ wander	303	☐ writer	19
☐ war	17	**Y**	
☐ warmth	181	☐ yell	289
☐ warn	226	☐ yield	375
☐ waste	52	☐ youth	125
☐ wave	97	**Z**	
☐ weak	113	☐ zone	212
☐ wealth	165	☐ zoo	183
☐ weapon	198		
☐ wear	47		
☐ weather	101		
☐ weave	349		
☐ web	179		
☐ wedding	141		
☐ weekend	109		
☐ weight	97		
☐ welfare	323		
☐ western	131		
☐ wet	141		
☐ wheel	184		
☐ whereas	260		
☐ whether	19		
☐ while	11		
☐ whisper	255		
☐ whole	29		
☐ wicked	379		
☐ wide	49		
☐ wife	39		
☐ wild	107		
☐ willing	164		
☐ win	67		
☐ wing	247		
☐ wipe	179		
☐ wire	191		
☐ wise	185		
☐ wish	23		
☐ withdraw	317		
☐ witness	295		
☐ wonder	19		
☐ wood	83		
☐ worldwide	181		
☐ worry	44		
☐ worse	177		
☐ worth	39		
☐ wound	291		
☐ wrap	203		

あとがき
Postscript

　この単語集を作り始めたのは20年以上前のことですが、実際に高校生に使ってもらいながら試行錯誤を重ねてきました。もちろん単語以外の勉強も必要ですが、この単語集を使って勉強した生徒の中には、半年程度でセンター模試80点から180点へと飛躍的に成績が伸びた人もいます。

　この単語集は絶対にいいものであると思っていましたが、なにぶん小さな塾でしか使ってこなかった単語集ですから、一般的にはあまり受け入れられないのではないかという懸念を持っていたのも事実です。永瀬社長の「よい教材であれば、どんどん世に出して行くべきですよ。」との言葉に同じ志を感じ、思い切って教材を送らせていただきました。快諾の返事をいただいた時には、自分のやって来たことを認めていただけたという嬉しさと、この単語集がやはりよいものであったのだとの確信を得ました。

　現在は衆議院議員として国政の場で様々な教育問題に取り組んでいる反面、教育現場での指導ができなくなったのも事実です。そこで、全国で頑張っている多くの受験生にこの単語集を使っていただくことで、ほんの少しかもしれませんが直接の指導に代えられるのではないかと思い、出版を決意しました。

　この単語集を信じ、この単語集にかけてみてください。真剣に取り組んでいただければ、最短の学習時間で最大の効果を発揮するものであると強く信じています。全国で頑張る皆さんのお役に少しでも立つことができれば、本当に嬉しく思います。

2011年10月

【著者紹介】

大山 昌宏
おおやま まさひろ

愛知県内の県立高校で約10年間に渡って英語を指導。元衆議院議員。大学時代にテレビ局の奨学生としてアメリカの大学に派遣されたのを皮切りに、オーストラリア、アジア、カリブ海地域などに滞在し、話す英語の大切さを実感する。その後「英文法や長文読解をわかりやすく教える」をテーマに、高校生の英語指導に従事。今までに指導した生徒は数千人に上る。

ゴロで一気に覚える 超高速英単語センター1800

発行日：2011年11月 7 日　初版発行
　　　　2016年 6 月 1 日　第 9 版発行

著者：**大山昌宏**
　　　© Masahiro Oyama 2011
発行者：**永瀬昭幸**
発行所：**株式会社ナガセ**
　　　〒180-0003　東京都武蔵野市吉祥寺南町1-29-2
　　　出版事業部（東進ブックス）
　　　TEL：0422-70-7456 ／ FAX：0422-70-7457
　　　www.toshin.com/books（東進WEB書店）
　　　（本書を含む東進ブックスの最新情報は，東進WEB書店をご覧ください）

イラスト：スタジオクゥ
　　装丁：東進ブックス編集部
印刷・製本：シナノ印刷株式会社

　　　※落丁・乱丁本は着払いにて小社出版事業部宛にお送りください。
　　　　新本におとりかえいたします。
　　　※本書を無断で複写・複製・転載することを禁じます。
　　　Printed in Japan
　　　ISBN978-4-89085-529-2　C7382

東進ブックス

編集部より

この本を読み終えた君に オススメの3冊！

英単語センター1800
センター試験カバー率は99.5％！学習効果を高める工夫が満載。国立2次・私大入試対策もこの一冊で完璧。受験生必読！

英熟語センター750
センター試験を徹底的に分析して厳選した熟語のみを掲載。センター試験カバー率100％!!

中学英単語 FORMULA1400
すべての単語にイラストとCD音声が付いた中学英単語集の超決定版。

体験授業

東進実力講師陣の授業を受けてみませんか？

東進では有名実力講師陣の授業を無料で体験できる『体験授業』を行っています。「わかる」授業、「完璧に」理解できるシステム、そして最後まで「頑張れる」雰囲気を実際に体験してください。

※1講座（90分×1回）を受講できます。
※お電話でご予約ください。連絡先は付録9ページをご覧ください。
※お友達同士でも受講できます。

安河内哲也先生の主な担当講座　※2016年度
「有名大突破！戦略英語解法」など

東進の合格の秘訣が次ページに 👉

合格の秘訣1 全国屈指の実力講師陣

ベストセラー著者の なんと7割が東進の講師陣!!

東進ハイスクール・
東進衛星予備校では、
そうそうたる講師陣が君を熱く指導する!

本気で実力をつけたいと思うなら、やはり根本から理解させてくれる一流講師の授業を受けることが大切です。東進の講師は、日本全国から選りすぐられた大学受験のプロフェッショナル。何万人もの受験生を志望校合格へ導いてきたエキスパート達です。

英語

安河内 哲也 先生 [英語]
数えきれないほどの受験生の偏差値を改善、難関大へ送り込む!

今井 宏 先生 [英語] 
予備校界のカリスマ講師。君に驚きと満足、そして合格を与えてくれる

渡辺 勝彦 先生 [英語] 
「スーパー速読法」で、難解な英文も一発で理解させる超実力師!

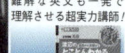

宮崎 尊 先生 [英語] 
雑誌「TIME」の翻訳など、英語界でその名を馳せる有名実力講師!

西 きょうじ 先生 [英語] 
29年間で20万人以上の受験生に支持されてきた知的刺激溢れる講義をご期待ください。

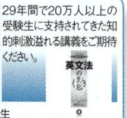

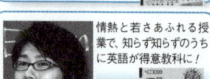

大岩 秀樹 先生 [英語]
情熱と若さあふれる授業で、知らず知らずのうちに英語が得意教科に!

数学

志田 晶 先生 [数学] 
数学科実力講師は、わかりやすさを徹底的に追求する

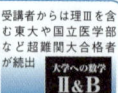

長岡 恭史 先生 [数学] 
受講者からは理Ⅲを含む東大や国立医学部など超難関大合格者が続出

沖田 一希 先生 [数学] 
短期間で数学力を徹底的に養成。知識を統一・体系化する!

付録 1

WEBで体験

東進ドットコムで授業を体験できます！
実力講師陣の詳しい紹介や、各教科の学習アドバイスも読めます。
www.toshin.com/teacher/

国語

板野 博行 先生 [現代文・古文]
「わかる」国語は君のやる気を出す特効薬

出口 汪 先生 [現代文]
ミスター驚異の現代文。数々のベストセラー著者としても超有名！

吉野 敬介 先生 [古文]
予備校界の超大物が東進に登場。ドラマチックで熱い講義を体験せよ

富井 健二 先生 [古文]
ビジュアル解説で古文を簡単明快に解き明かす実力講師

三羽 邦美 先生 [古文・漢文]
縦横無尽な知識に裏打ちされた立体的な授業に、グングン引き込まれる！

樋口 裕一 先生 [小論文]
小論文指導の第一人者。著書『頭がいい人、悪い人の話し方』は250万部突破！

理科

橋元 淳一郎 先生 [物理]
橋元流の解法は君の脳に衝撃を与える！

田部 眞哉 先生 [生物]
全国の受験生が絶賛するその授業は、わかりやすさそのもの！

地歴公民

荒巻 豊志 先生 [世界史]
"受験世界史に荒巻あり"と言われる超実力人気講師

金谷 俊一郎 先生 [日本史]
入試頻出事項に的を絞った「表解板書」は圧倒的な信頼を得る！

清水 雅博 先生 [公民]
全国の政経受験者が絶賛のベストセラー講師！

合格の秘訣2 革新的な学習システム

東進には、第一志望合格に必要なすべての要素を満たし、抜群の合格実績を生み出す学習システムがあります。

映像による授業を駆使した最先端の勉強法
高速学習

一人ひとりのレベル・目標にぴったりの授業

東進はすべての授業を映像化しています。その数およそ1万種類。これらの授業を個別に受講できるので、一人ひとりのレベル・目標に合った学習が可能です。1.5倍速受講ができるほか自宅のパソコンからも受講できるので、今までにない効率的な学習が実現します。
（一部1.4倍速の授業もあります。）

現役合格者の声

東京大学 理科I類
吉田 樹くん

東進の高速学習なら部活がない時や学校が休みの時にたくさん講座を受講できるので、とても役に立ちました。受験勉強を通じて、早期に勉強を始めることが重要だと強く感じました。

1年分の授業を最短2週間から1カ月で受講

従来の予備校は、毎週1回の授業。一方、東進の高速学習なら毎日受講することができます。だから、1年分の授業も最短2週間から1カ月程度で修了可能。先取り学習や苦手科目の克服、勉強と部活との両立も実現できます。

先取りカリキュラム（数学の例）

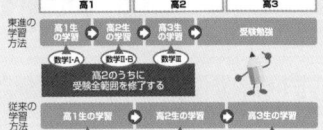

	高1	高2	高3
東進の学習方法	高1生の学習（数学I・A）	高2生の学習（数学II・B）	高3生の学習（数学III） → 受験勉強

高2のうちに受験全範囲を修了する

	高1	高2	高3
従来の学習方法	高1生の学習（数学I・A）	高2生の学習（数学II・B）	高3生の学習（数学III）

目標まで一歩ずつ確実に
スモールステップ・パーフェクトマスター

自分にぴったりのレベルから学べる 習ったことを確実に身につける

高校入門から超東大までの12段階から自分に合ったレベルを選ぶことが可能です。「簡単すぎる」「難しすぎる」といった無駄がなく、志望校へ最短距離で進みます。授業後すぐにテストを行い内容が身についたかを確認し、合格したら次の授業に進むので、わからない部分を残すことはありません。短期集中で徹底理解をくり返し、学力を高めます。

現役合格者の声

早稲田大学 国際教養学部
竹中 蘭香さん

毎回の授業後にある確認テストと講座の総まとめの講座修了判定テストのおかげで、受講が終わってもほったらかしになりませんでした。授業内容を定着させやすかったです。

パーフェクトマスターのしくみ

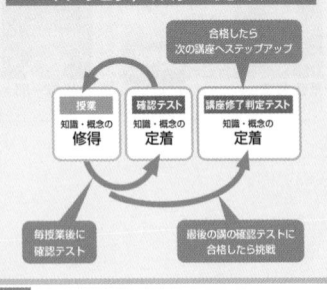

合格したら次の講座へステップアップ

授業	確認テスト	講座修了判定テスト
知識・概念の**修得**	知識・概念の**定着**	知識・概念の**定着**

毎授業後に確認テスト　　最後の講の確認テストに合格したら挑戦

個別説明会

全国の東進ハイスクール・東進衛星予備校の各校舎にて実施しています。
※お問い合わせ先は、付録9ページをご覧ください。

徹底的に学力の土台を固める

高速基礎マスター講座

　高速基礎マスター講座は「知識」と「トレーニング」の両面から、科学的かつ効率的に短期間で基礎学力を徹底的に身につけるための講座です。文法事項や重要事項を単元別・分野別にひとつずつ完成させていくことができます。インターネットを介してオンラインで利用できるため、校舎だけでなく、自宅のパソコンやスマートフォンアプリで学習することも可能です。

現役合格者の声

上智大学 理工学部
杉原 里実さん

「高速基礎マスター講座」がおススメです。短い期間で一気に覚えることができるだけでなく、さらにスマートフォンでも学習できるので、とても便利でした。

東進公式スマートフォンアプリ
■**東進式マスター登場！**
（英単語／英熟語／英文法／基本例文）

スマートフォンアプリですき間時間も徹底活用!

1) スモールステップ・パーフェクトマスター！
頻出度(重要度)の高い英単語から始め、1つのSTEP(計100語)を完全修得すると次のSTAGEに進めるようになります。

2) 自分の英単語力が一目でわかる！
トップ画面に「修得語数・修得率」をメーター表示。自分が今何語修得しているのか、どこを優先的に学習すべきなのか一目でわかります。

3) 「覚えていない単語」だけを集中攻略できる！
未修得の単語、または「My単語(自分でチェック登録した単語)」だけをテストする出題設定が可能です。
すでに覚えている単語を何度も学習するような無駄を省き、効率良く単語力を高めることができます。

「新・英単語センター1800」

君を熱誠指導でリードする

担任指導

志望校合格のために
君の力を最大限に引き出す

　定期的な面談を通じた「熱誠指導」で、生徒一人ひとりのモチベーションを高め、維持するとともに志望校合格までリードする存在、それが東進の「担任」です。

現役合格者の声

慶應義塾大学 法学部
成田 真惟子さん

担任の先生は受験についてのアドバイスだけでなく、将来の夢を見据えて受験することの意味も教えてくださいました。受験期に辛くなった時には励ましていただき、とても心強かったです。

付録 4

合格の秘訣3 東進ドットコム

ここでしか見られない受験と教育の情報が満載！
大学受験のポータルサイト

www.toshin.com

東進公式Twitter @Toshincom
東進公式Facebook www.facebook.com/ToshinHighSchool

東進ブックスのインターネット書店
東進WEB書店

ベストセラー参考書から
夢ふくらむ人生の参考書まで

学習参考書から語学・一般書までベストセラー＆ロングセラーの書籍情報がもりだくさん！ あなたの「学び」をバックアップするインターネット書店です。検索機能もグンと充実。さらに、一部書籍では立ち読みも可能。探し求める1冊に、きっと出会えます。

付録 5

スマートフォンからも ご覧いただけます	東進ドットコムは スマートフォンから簡単アクセス！

最新の入試に対応!!
大学案内

偏差値でも検索できる。
検索機能充実！

　東進ドットコムの「大学案内」では最新の入試に対応した情報を様々な角度から検索できます。学生の声、入試問題分析、大学校歌など、他では見られない情報が満載！登録は無料です。
　また、東進ブックスの『新大学受験案内』では、厳選した185大学を詳しく解説。大学案内とあわせて活用してください。

難易度ランキング　　50音検索

185大学・最大22年分の過去問を無料で閲覧
大学入試過去問
データベース

君が目指す大学の過去問を
すばやく検索、じっくり研究！

　東進ドットコムの「大学入試問題 過去問データベース」は、志望校の過去問をすばやく検索し、じっくり研究することが可能。185大学の過去問をダウンロードすることができます。センター試験の過去問も最大22年分掲載しています。登録・利用は無料です。志望校対策の「最強の教材」である過去問をフル活用することができます。

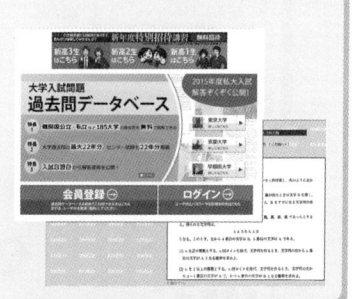

学生特派員からの
先輩レポート

東進OB・OGが生の大学情報を
リアルタイムに提供！

　東進から難関大学に合格した先輩が、ブログ形式で大学の情報を提供します。大勢の学生特派員によって、学生の目線で伝えられる大学情報が次々とアップデートされていきます。受験を終えたからこそわかるアドバイスも！受験勉強のモチベーションUPに役立つこと間違いなしです。

付録 6

合格の秘訣 ④ 東進模試

申込受付中
※お問い合わせ先は付録9ページをご覧ください。

学力を伸ばす模試

「自分の学力を知ること」が
受験勉強の第一歩

「絶対評価」×「相対評価」のハイブリッド分析
志望校合格までの距離に加え、「受験者集団における順位」および「志望校合否判定」を知ることができます。

入試の『本番レベル』
「合格まであと何点必要か」がわかる。
早期に本番レベルを知ることができます。

最短7日のスピード返却
成績表を、最短実施7日後に返却。
次の目標に向けた復習はバッチリです。

合格指導解説授業
模試受験後に合格指導解説授業を実施。
重要ポイントが手に取るようにわかります。

- 模試受験中に学力を伸ばす！
- 合格までの距離を知り、計画を立てる！
- 学習効果を検証、勉強法を改善する！

全国統一高校生テスト 年1回
高3生 / 高2生 / 高1生

全国統一中学生テスト 年1回
中3生 / 中2生 / 中1生

東進模試 ラインアップ 2016年度

模試名	対象	回数
センター試験本番レベル模試	受験生 / 高2生 / 高1生 ※高1は難関大志望者	年5回
高校生レベル(マーク・記述)模試	高2生 / 高1生 ※第1～3回…マーク、第4回…記述	年4回
東大本番レベル模試	受験生	年3回
京大本番レベル模試	受験生	年3回
北大本番レベル模試	受験生	年2回
東北大本番レベル模試	受験生	年2回
名大本番レベル模試	受験生	年2回
阪大本番レベル模試	受験生	年2回
九大本番レベル模試	受験生	年2回
難関大本番レベル記述模試	受験生	年5回
有名大本番レベル記述模試	受験生	年5回
大学合格基礎力判定テスト	受験生 / 高2生 / 高1生	年4回
センター試験同日体験受験	高2生 / 高1生	年1回
東大入試同日体験受験	高2生 / 高1生 ※高1は意欲ある東大志望者	年1回

※センター試験本番レベル模試とのドッキング判定

※最終回がセンター試験後の受験となる模試は、センター試験自己採点とのドッキング判定となります。

東進で勉強したいが、近くに校舎がない君は…

東進ハイスクール 在宅受講コースへ

「遠くて東進の校舎に通えない……」。そんな君も大丈夫！ 在宅受講コースなら自宅のパソコンを使って勉強できます。ご希望の方には、在宅受講コースのパンフレットをお送りいたします。お電話にてご連絡ください。学習・進路相談も随時可能です。

2016年も難関大・有名大 ゾクゾク現役合格
日本一※の東大 現役合格 実績

現役のみ！講習生含みます！

※2015年、東大現役合格実績をホームページ・パンフレット・チラシ等で公表している予備校の中で最大。当社調べ。

2016年3月31日締切

東大 現役合格者の2.8人に1人が東進生

東進生 現役占有率 36.3%

東大 現役合格者 742名 (合格者増 +14名)

- 文I……125名
- 文II……100名
- 文III……88名
- 推薦……21名
- 理I……247名
- 理II……110名
- 理III……51名

今年の東大合格者は現浪合わせて3,108名。そのうち、現役合格者は2,043名。東進の現役合格者は742名ですので、東大現役合格者における東進生の占有率は36.3%となります。東大現役合格者の2.8人に1人が東進生です。合格者の皆さん、おめでとうございます。

現役合格 旧七帝大+東工大・一橋大 2,980名 (合格者増 +194名)

- 東京大……742名
- 京都大……309名
- 北海道大……251名
- 東北大……253名
- 名古屋大……293名
- 大阪大……496名
- 九州大……341名
- 東京工業大……130名
- 一橋大……165名

現役合格 国公立医・医 596名 (合格者増 +15名)

- 東京大……52名
- 京都大……19名
- 北海道大……9名
- 東北大……17名
- 名古屋大……12名
- 大阪大……16名
- 九州大……11名
- 札幌医科大……12名
- 弘前大……11名
- 秋田大……11名
- 福島県立医科大……9名
- 筑波大……16名
- 群馬大……11名
- 千葉大……20名
- 東京医科歯科大……20名
- 横浜市立……10名
- 新潟大……10名
- 金沢大……16名
- 山梨大……14名
- 信州大……8名
- 岐阜大……11名
- 浜松医科大……17名
- 三重大……11名
- 大阪市立大……10名
- 神戸大……9名
- 岡山大……13名
- 広島大……21名
- 徳島大……17名
- 香川大……14名
- 愛媛大……15名
- 佐賀大……17名
- 琉球大……11名
- その他国公医・医……110名

現役合格 早慶 5,071名 (合格者増 +173名)

- 早稲田大……3,222名
- 慶應義塾大……1,849名

現役合格 上理明青立法中 16,773名 (合格者増 +930名)

- 上智大……1,180名
- 東京理科大……1,937名
- 明治大……3,945名
- 青山学院大……1,680名
- 立教大……2,146名
- 法政大……3,631名
- 中央大……2,254名

現役合格 関関同立 11,432名 (合格者増 +898名)

- 関西学院大……2,273名
- 関西大……2,564名
- 同志社大……2,502名
- 立命館大……4,093名

現役合格 私立医・医 412名 (※防衛医科大学校を含む)

- 慶應義塾大……48名
- 順天堂大……43名
- 東京慈恵会医科大……29名
- 昭和大……24名
- 防衛医科大学校……49名
- その他私立医・医……219名

現役合格 国公立大 13,762名 (合格者増 +714名)

- 東京工業……130名
- 一橋……165名
- 北海道教育……69名
- 旭川医科……16名
- 北見工業……34名
- 小樽商科……49名
- 弘前……90名
- 岩手……57名
- 宮城……27名
- 秋田……55名
- 国際教養……34名
- 山形……101名
- 福島……67名
- 筑波……237名
- 茨城……156名
- 宇都宮……54名
- 群馬……70名
- 高崎経済……83名
- 埼玉……147名
- 埼玉県立……34名
- 千葉……335名
- 東京医科歯科……38名
- 東京外国語……112名
- 首都大学東京……258名
- お茶の水女子……37名
- 電気通信……66名
- 東京学芸……118名
- 東京農工……87名
- 東京海洋……62名
- 横浜国立……281名
- 横浜市立……155名
- 新潟……212名
- 富山……133名
- 金沢……198名
- 福井……69名
- 山梨……73名
- 都留文科……65名
- 信州……191名
- 静岡……143名
- 静岡県立……50名
- 愛知教育……72名
- 名古屋市立……150名
- 名古屋工業……128名
- 三重……199名
- 滋賀……83名
- 滋賀医科……13名
- 京都教育……29名
- 京都府立……43名
- 京都工芸繊維……55名
- 大阪府立……241名
- 大阪府立……200名
- 大阪教育……140名
- 神戸……374名
- 神戸市外国語……57名
- 兵庫教育……30名
- 奈良女子……51名
- 奈良……36名
- 和歌山……77名
- 鳥取……98名
- 島根……78名
- 岡山……265名
- 広島……293名
- 山口……229名
- 徳島……168名
- 香川……105名
- 愛媛……204名
- 高知……84名
- 北九州市立……122名
- 九州工業……121名
- 福岡教育……67名
- 佐賀……131名
- 長崎……122名
- 熊本……207名
- 大分……78名
- 宮崎……91名
- 鹿児島……113名
- 琉球……113名

※東進調べ

ウェブサイトでもっと詳しく ➡ [東進] 🔍 検索

付録 8

各大学の合格実績は、東進ネットワーク（東進ハイスクール・東進衛星予備校・早稲田塾）の合同実績です。

東進へのお問い合わせ・資料請求は
東進ドットコム www.toshin.com
もしくは下記のフリーダイヤルへ！

ハッキリ言って合格実績が自慢です！大学受験なら、
東進ハイスクール 0120-104-555 (トーシン ゴーゴーゴー)

●東京都

[中央地区]
- 市ヶ谷校 0120-104-205
- 新宿エルタワー校 0120-104-121
- ★新宿校大学受験本科 0120-104-020
- 高田馬場校 0120-104-770
- 人形町校 0120-104-075

[城北地区]
- 赤羽校 0120-104-293
- 本郷三丁目校 0120-104-068
- 茗荷谷校 0120-738-104

[城東地区]
- 綾瀬校 0120-104-762
- 金町校 0120-452-104
- ★北千住校 0120-693-104
- 錦糸町校 0120-104-249
- 豊洲校 0120-104-242
- 西新井校 0120-266-104
- 西葛西校 0120-289-104
- 門前仲町校 0120-104-016

[城西地区]
- 池袋校 0120-104-062
- 大泉学園校 0120-104-862
- 荻窪校 0120-687-104
- 高円寺校 0120-104-627
- 石神井校 0120-104-159
- 巣鴨校 0120-104-780
- 成増校 0120-028-104
- 練馬校 0120-104-643

[城南地区]
- 大井町校 0120-575-104
- 蒲田校 0120-265-104
- 五反田校 0120-672-104
- 三軒茶屋校 0120-104-739
- 渋谷駅西口校 0120-389-104
- 下北沢校 0120-104-672
- 自由が丘校 0120-964-104
- 成城学園前駅校 0120-104-616
- 千歳烏山校 0120-104-331
- 都立大学前校 0120-275-104

[東京都下]
- 吉祥寺校 0120-104-775
- 国立校 0120-104-599
- 国分寺校 0120-622-104
- 立川駅北口校 0120-104-662
- 田無校 0120-104-272
- 調布校 0120-104-305
- 八王子校 0120-896-104
- 東久留米校 0120-565-104
- 府中校 0120-104-676
- ★町田校 0120-104-507
- 武蔵小金井校 0120-480-104
- 武蔵境校 0120-104-769

●神奈川県
- 青葉台校 0120-104-947
- 厚木校 0120-104-716
- 川崎校 0120-226-104
- 湘南台東口校 0120-104-706
- 新百合ヶ丘校 0120-104-182
- センター南駅前校 0120-104-722
- たまプラーザ校 0120-104-445
- 鶴見校 0120-876-104
- 平塚校 0120-104-742
- 藤沢校 0120-104-549
- 向ヶ丘遊園校 0120-104-757
- 武蔵小杉校 0120-165-104
- ★横浜校 0120-104-473

●埼玉県
- 浦和校 0120-104-561
- 大宮校 0120-104-858
- 春日部校 0120-104-508
- 川口校 0120-917-104
- 川越校 0120-104-538
- 小手指校 0120-104-759
- 志木校 0120-104-202
- せんげん台校 0120-104-388
- 草加校 0120-104-690
- 所沢校 0120-104-594
- ★南浦和校 0120-104-573
- 与野校 0120-104-755

●千葉県
- 我孫子校 0120-104-253
- 市川駅前校 0120-104-381
- 稲毛海岸校 0120-104-575
- 海浜幕張校 0120-104-926
- ★柏校 0120-104-353

- 北習志野校 0120-344-104
- 新浦安校 0120-556-104
- 新松戸校 0120-104-354
- ★千葉校 0120-104-564
- ★津田沼校 0120-104-724
- 土気校 0120-104-584
- 成田駅前校 0120-104-346
- 船橋校 0120-104-514
- 松戸校 0120-104-257
- 南柏校 0120-104-439
- 八千代台校 0120-104-863

●茨城県
- つくば校 0120-403-104
- 土浦校 0120-059-104
- 取手校 0120-104-328

●静岡県
- ★静岡校 0120-104-585

●長野県
- ★長野校 0120-104-586

●奈良県
- JR奈良駅前校 0120-104-746
- ★奈良校 0120-104-597

★は高卒本科(高卒生)設置校
☆は高校生専用校舎

※変更の可能性があります。最新情報はウェブサイトで確認してください。

全国954校、10万人の高校生が通う、
東進衛星予備校 0120-104-531 (トーシン ゴーサイン)

東進ドットコムでお近くの校舎を検索！

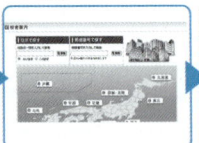

資料請求もできます

「東進衛星予備校」の「校舎案内」をクリック | エリア・都道府県を選択 | 校舎一覧が確認できます

近くに東進の校舎がない高校生のための
東進ハイスクール 在宅受講コース 0120-531-104 (ゴーサイン トーシン)

※2016年3月末現在